高校学生管理与模式创新研究

吴文静◎著

北京工业大学出版社

图书在版编目（CIP）数据

高校学生管理与模式创新研究 / 吴文静著. — 北京：北京工业大学出版社，2022.1
　　ISBN 978-7-5639-8235-6

　　Ⅰ.①高… Ⅱ.①吴… Ⅲ.①高等学校－学生－学校管理－研究 Ⅳ.① G645.5

中国版本图书馆 CIP 数据核字（2022）第 026883 号

高校学生管理与模式创新研究
GAOXIAO XUESHENG GUANLI YU MOSHI CHUANGXIN YANJIU

著　　者：	吴文静
责任编辑：	张　贤
封面设计：	知更壹点
出版发行：	北京工业大学出版社
	（北京市朝阳区平乐园 100 号　邮编：100124）
	010-67391722（传真）　　bgdcbs@sina.com
经销单位：	全国各地新华书店
承印单位：	北京亚吉飞数码科技有限公司
开　　本：	710 毫米 ×1000 毫米　1/16
印　　张：	10
字　　数：	200 千字
版　　次：	2023 年 4 月第 1 版
印　　次：	2023 年 4 月第 1 次印刷
标准书号：	ISBN 978-7-5639-8235-6
定　　价：	60.00 元

版权所有　　翻印必究

（如发现印装质量问题，请寄本社发行部调换 010-67391106）

作者简介

吴文静，1984年5月生，汉族，女，广东广州人，本科，副研究员、校团委组宣部部长。研究方向：大学生思想政治教育、教育管理。科研成果：发表研究论文8篇（其中在北大核心期刊发表论文3篇）；主持、参与省市级结项课题12项。

前 言

时代的发展使得高校学生管理工作所承担的工作任务不断增多，高校学生管理作为学校管理工作的一部分，其工作模式的创新对学生管理工作的质量有着重要影响。在新时代背景下，传统的高校学生管理模式和理念难以顺应时代的发展要求，并且在一定程度上与学生管理工作的实际需求相分离，高校必须结合时代特点开展学生管理工作，对当前高校学生管理模式进行创新，以保障学生树立正确的思想理念，从而促进学生更好地发展。

全书共七章。第一章为绪论，主要阐述了高校学生管理的内涵、高校学生管理的指导思想、高校学生管理的理论基础、高校学生管理的现代转向等内容；第二章为高校学生管理的现状，主要阐述了高校学生管理取得的成绩、高校学生管理存在的问题、高校学生管理存在问题的原因、信息时代高校学生管理面临的机遇与挑战等内容；第三章为高校学生管理工作的开展，主要阐述了高校学生组织管理与干部管理、高校学生制度与体制管理、高校学生自我管理与民主管理等内容；第四章为高校学生管理模式，主要阐述了人格化管理模式、制度化管理模式、温情化管理模式等内容；第五章为不同类型高校学生管理模式的比较，主要阐述了研究型大学学生管理模式、教学型大学学生管理模式、教学研究型大学学生管理模式等内容；第六章为高校学生管理模式创新，主要阐述了高校学生管理模式创新的必要性、高校学生管理新型模式的职能、高校学生管理模式创新的路径等内容；第七章为当代高校学生管理的创新路径选择，主要阐述了国外高校学生管理经验的借鉴、高校学生管理的创新路径选择等内容。

本书系基金项目：2021年度"江苏省社科应用研究精品工程"高校思想政治教育专项"增强思想政治理论课学生获得感研究"（项目批准号：21SZC-113）的阶段性研究成果。

为了确保研究内容的丰富性和多样性，笔者在写作过程中参考了大量理论与研究文献，在此向所涉及的专家学者表示衷心的感谢。

最后，限于笔者水平，加之时间仓促，本书难免存在一些不足，在此恳请读者朋友批评指正！

目 录

第一章 绪 论 ... 1
第一节 高校学生管理的内涵 ... 1
第二节 高校学生管理的指导思想 ... 12
第三节 高校学生管理的理论基础 ... 15
第四节 高校学生管理的现代转向 ... 22

第二章 高校学生管理的现状 ... 27
第一节 高校学生管理取得的成绩 ... 27
第二节 高校学生管理存在的问题 ... 29
第三节 高校学生管理存在问题的原因 ... 36
第四节 信息时代高校学生管理面临的机遇与挑战 ... 44

第三章 高校学生管理工作的开展 ... 49
第一节 高校学生组织管理与干部管理 ... 49
第二节 高校学生制度与体制管理 ... 64
第三节 高校学生自我管理与民主管理 ... 76

第四章 高校学生管理模式 ... 84
第一节 人格化管理模式 ... 84
第二节 制度化管理模式 ... 86
第三节 温情化管理模式 ... 89

第五章 不同类型高校学生管理模式的比较 …… 93
第一节 研究型大学学生管理模式 …… 93
第二节 教学型大学学生管理模式 …… 99
第三节 教学研究型大学学生管理模式 …… 104

第六章 高校学生管理模式创新 …… 107
第一节 高校学生管理模式创新的必要性 …… 107
第二节 高校学生管理新型模式的职能 …… 110
第三节 高校学生管理模式创新的路径 …… 114

第七章 当代高校学生管理的创新路径选择 …… 129
第一节 国外高校学生管理经验的借鉴 …… 129
第二节 高校学生管理的创新路径选择 …… 137

参考文献 …… 150

第一章 绪 论

随着我国社会经济的不断发展和教育体制改革的不断深入，高等教育事业迎来了一个快速发展时期，高校学生管理工作也进入了一个新的发展阶段。近年来随着高校扩招后学生人数的增多、学生群体特点的不断变化，传统的高校学生管理模式已很难适应新形势发展的需要，必须用新的视角加以审视。本章分为高校学生管理的内涵、高校学生管理的指导思想、高校学生管理的理论基础和高校学生管理的现代转向四部分，主要包括高校学生管理的含义、高校学生管理的作用、高校学生管理应遵循的原则等内容。

第一节 高校学生管理的内涵

一、高校学生管理的含义

高校学生管理是高等学校领导和管理人员，为了实现高等学校的学生培养目标，按照国家的教育方针和各项政策法令，科学地、有计划地组织、指挥、协调学校内部的各种因素——人力、财力、物力、时间、信息等，并对其进行预测、计划、实施、反馈、监督等的一门管理科学。高校学生管理作为学校管理的重要组成部分，具有十分广泛而深刻的内涵。首先，它要研究管理对象（即青年大学生）的生理心理特征，知识、能力结构，兴趣爱好及社会氛围对他们的影响，掌握他们的思想变化及教育管理的规律。其次，它要研究管理者本身（即学生工作专职人员）必备的思想、文化、理论及业务素质，以及这些素质的培养和管理队伍的建设。最后，它还要研究学生管理的机制和一般管理的原则、方法等。

二、高校学生管理的内容

高校学生管理是一项教育工作，它具有教育科学所包含的规律，同时也是一项具体的管理工作，具有管理科学所包含的规律。可以说，大学生管理是高等教育学和管理学交叉结合产生的一门综合性应用学科，它同所有的管理科学一样，研究的主题是效率，当然具体研究的课题是大学生管理的效率，即如何最有效地达到大学生的培养目标。

我国大学生管理，就是要寻求培养德、智、体诸方面均衡发展的专门人才的最佳方案，最佳计划、决策，最佳管理体制、组织机构，最佳操作程序。它涉及很多学科：马克思主义哲学、高等教育学、社会学、心理学、管理学、行政学、统计学、控制论、信息论、系统论等。因此，研究中国大学生管理必须广泛运用各种有关的科学理论来分析研究我国大学生的管理实践，使我们的管理建立在真正的科学理论之上，这样才能使我们从事学生管理工作的同志用科学的管理指导思想和科学的管理手段进行有效的管理。

高校学生管理是高校对大学生从入学到毕业这一在校阶段的管理，涉及的内容有很多，其中较为主要的有以下几个。

（一）高校学生的德育管理

高校在开展学生管理工作时，德育管理是一项十分重要的内容。所谓高校学生的德育管理，就是高校根据大学生的身心发展特点和品德形成规律，有目的、有计划、有组织地对大学生在心理上施加系统的影响，把一定的思想和道德转化为大学生个体的思想品德的过程。也就是说，高校在开展学生管理工作时，要注意与德育相结合。

（二）高校学生的学习管理

高校学生的学习管理，就是高校按照一定的专业教育标准，有目的、有计划地对大学生进行专业教育，使其最终成长为具有丰富、系统的专业知识与技能的合格人才。具体来说，高校学生的学习管理需要包括以下几方面的内容：①大学生知识学习的管理；②大学生技能培养的管理；③大学生智力开发的管理。管理者可以通过学风建设，为学生创造积极向上的学习氛围。学生在进行自主学习时，管理者要提供全方位、积极主动的辅导，帮助学生养成自主式的学习习惯和终身学习的思想观念。

(三)高校学生的学籍管理

高校学生的学籍管理,就是高校对取得学习资格的学生,从入学注册,成绩考核与记载,升、留(降)级,转系(专业)与转学,休学、复学、退学,奖励与处分,毕业与毕业资格审查等方面,按照党的教育方针、教育自身规律以及大学生身心发展特点,制定出规章制度,进而实施的管理。具体来说,高校学生的学籍管理需要做好以下几方面的工作。

第一,做好大学新生的入学审查。

第二,做好大学生在学习过程中的成绩管理。这对于了解和掌握教师的教学质量和学生学习情况,从而发现问题并据此采取措施改进教学,提高大学生学习的积极性具有重要的作用。

第三,做好大学生的毕业资格审查。

(四)高校学生的生活管理

在高校学生管理工作中,大学生生活方面的管理是一项十分重要的内容。其不仅会影响到大学生的身心能否得到健康发展、大学生能否建立正常的学习、生活和工作秩序,还会影响到高校的人才培养目标能否得到有效实现。因此,高校必须要对大学生的生活管理予以足够的重视。

高校学生的生活管理,从内容方面来说应包括对大学生在校期间的一切生活活动的管理,如饮食管理、起居管理、着装管理、健康管理等。

(五)高校学生的行为管理

高校学生的行为管理,也是高校学生管理的一项重要内容。所谓高校学生的行为管理,就是高校要对大学生的日常行为进行指导、监督、检查及纠正,以引导大学生切实形成良好的行为习惯。

这里需要特别指出的一点是,在对高校学生的行为进行管理时,要特别注重引导大学生形成健康的道德行为,这对于保证其身心的健康发展具有重要的作用。

(六)高校学生的体育管理

大学生要想成才,为我国的社会主义现代化建设做出贡献,首先要具有健康的身体。因此,在高校学生管理工作中,大学生的体育管理也是一项不可忽视的内容。

所谓高校学生的体育管理,就是高校组织、指导大学生按照一定的体育锻炼标准,有目的、有计划、有组织地进行体育锻炼,从而造就大学生健康的体魄,以应对在校紧张的学习生活。此外，高校学生的体育管理要想取得良好的成效，应特别注意以下几个方面。

第一，高校学生的体育管理必须与大学生的身心特点相符合。

第二，高校学生的体育管理必须与教育规律相符合。

第三，高校学生的体育管理必须与学校体育管理原则相符合。

第四，高校学生的体育管理要尽可能以最少的投入来获得最佳的体育效益。

（七）高校学生的卫生管理

高校学生的卫生管理也是高校学生管理的一项重要内容，具体涉及以下几个方面：①大学生的校园环境卫生管理；②大学生的教学设备卫生管理；③大学生的膳食卫生管理；④大学生的供水卫生管理；⑤大学生的住宿卫生管理；等等。

（八）高校学生的课外活动管理

学校要为学生提供优良的学习和生活环境。学生工作管理者要积极引导学生自觉遵守学校的管理制度，提高自身的道德修养，自觉维护校园秩序。同时，学校要积极鼓励学生团体组织开展有益于大学生身心健康的活动，并对活动加以管理和指导，保证学生活动的合法性和科学性。大学生参加各种类型的团体活动，可以在人际交往和社会适应等方面得到锻炼，这有利于学生的全面发展。

三、高校学生管理的目标

（一）提高大学生的思想政治素质

要求大学生拥有正确的政治方向、坚定的理想信念，要养成良好的道德品格；自觉跟党走，认真学习党的理论知识和重要思想，同时自觉践行党的路线、方针、政策，坚持正确的政治立场。

（二）提高大学生的科学文化素质

要求大学生拥有全面丰富的知识结构和扎实的理论功底；要求大学生要努力学习科学文化知识，掌握正确的学习方法，养成良好的学习习惯，要学会用理论指导实践，全面提高自身素质。同时，要树立终身学习的观念，在实践中寻找不足，以学习来弥补不足。

（三）提高大学生的身体素质

要求大学生要拥有强健的身体和健康的心理。通过积极参加体育锻炼、文体活动，强健体魄，提高身体素质；通过自我管理、自我控制和自我调节，健全人格；通过积极参加社会实践，培养良好的个性并提升环境适应能力，从而更好地为社会服务。

（四）提高大学生创新能力

要求大学生要有科学的思维方式和把理论运用于实践的能力。大学生要运用科学的思维，辩证地、全面地分析和辨别事物；要有较强的创新和实践能力，面对不断变化的环境要勇于创新，不断地进行自我突破。

四、高校学生管理的作用

高校积极开展学生管理有着十分重要的意义，具体表现在以下几个方面。

（一）提升大学生的能力

高校是对人才进行培养的一个重要场所，这就决定了高校的各项工作都必须围绕着人才培养来展开。因此，在开展高校学生管理工作时，要确保其具有提升大学生能力的积极作用。比如，在开展高校学生管理工作时，可以通过引导大学生参与社会实践活动来促进其社会实践能力的提升。

（二）促进高等教育改革的深化

自改革开放以来，我国高等教育事业获得了巨大发展，培养出无数优秀的人才。但是，由于受到多方面因素的影响，高等教育与社会主义事业的发展仍在一定程度上存在着脱节现象。这就决定了在高等教育的发展过程中，高校管理者必须立足于我国社会主义建设的发展现实，积极对高等教育的思想、内容、方法以及学生管理工作等进行改革。事实上，有效的高校学生管理及其改革，能够在很大程度上促进高等教育改革的深化。

（三）促进合格人才的培养

高校是人才培养的基地，由于高校学生管理是高校管理的一个重要方面，因而其必须要为培养合格的社会主义现代化建设人才服务。具体来看，高校学生管理与一般的管理相比，是一种带有明显的教育性质的服务，即开展高校学生管理工作不仅要促进高校的有效运行,还要尽可能达到教育的目的,使大学生成长为合格的"产品",即合格的社会主义现代化建设人才。

总之,高校学生管理是一种"管理育人"的管理,需要与高校的教学工作、思想政治工作和心理健康教育等一系列工作有机结合起来,以管理促进教育,以教育推动管理,从而真正促进大学生的成长与成才。

五、高校学生管理的特点

大学生是思想最为敏锐的群体,有着自身的特点。根据大学生的身心特点有针对性地开展工作,是高校学生管理工作顺利进行的保证。每个学生的成长和教育环境不同,造成他们价值取向的多元化、思想观念的差异化,具体表现有:①理想与现实的差距使其虽有理想信念,但难以抉择;②虽有明确的是非观,但自控性和自律性较差;③实用主义倾向明显,只关注与自身利益相关的事情;④个人主义突出,自我意识较强;⑤要求独立,但依赖性强,渴望尽快走向社会,但又无法实现经济独立;⑥适应新事物的能力较强,但心理承受能力较差。学生管理工作要适应学生的特点、满足学生的需要,这是学生管理工作取得成效的关键。针对大学生的特点开展工作,能够使学生管理工作更具专业性和操作性,从而促进高校学生管理工作目标的实现。

高校学生管理工作有以下特点。

(一)教育性

培养全面发展的高素质人才,为社会主义现代化建设服务是高校学生管理工作的主要目标。学生管理工作者要通过对学生的教育和引导,提高大学生的科学文化素质,引导他们坚持正确的政治方向,帮助他们树立远大的理想信念。总之,学生管理工作的教育和引导作用,能够促进高校管理目标的实现。

(二)开放性

高校的学生管理工作具有开放性,日常管理工作可以通过多种途径和方法开展。既可以通过课堂教学教育,又可以通过组织校园文化活动进行日常管理,还可以通过社会教育、家庭教育等多种渠道展开。学生管理工作者要善于利用多方资源,懂得统筹和协调。

（三）实践性

高等教育以培养适合社会需要和适应时代发展要求的高级专门人才为目标，要提高学生解决实际问题的能力。随着社会形势的不断变化和发展，要求学生管理工作模式随之改变。新的管理方法和手段不能只是空谈理论，而应该在实际的工作中得到切实的运用，以达到理论指导实践的目的。只有具有实践性的学生管理工作，才能更好地适应日益变化的社会环境。

六、高校学生管理应遵循的原则

高校学生管理的基本原则是一个多层次、相互联系的完整的体系，有着十分丰富的内容，归纳起来主要是以下几方面。

（一）方向性原则

管理是一种有目的的活动，管理工作具有方向性。以坚持社会主义方向为准绳，是我国学生管理工作的一个重要的特点，不把握住这一原则，就会偏离社会主义的办学方向。

我国是社会主义国家，社会的性质制约着学校的性质，进而决定学校一切管理工作的性质。因此，我国的高校学生管理工作必须加强党的领导，坚持党的教育方针，充分发挥党组织的战斗堡垒作用和党员的先锋模范作用，认真贯彻党的路线、方针、政策，在政治上与党中央保持一致；对学生要进行马克思列宁主义、毛泽东思想、邓小平理论、"三个代表"重要思想和科学发展观，习近平新时代中国特色社会主义思想教育，灌输共产主义思想道德，强化"以人为本"的教育，教育学生学会用马克思主义的立场、观点和方法分析我们在发展社会主义市场经济过程中所面临的新情况、新问题；坚持对学生进行国情教育和社会主义、集体主义、爱国主义教育，提高他们的思想觉悟，使其坚定社会主义信念，具有良好的道德品质和心理素质，从而成为新时代全面发展的建设者和接班人。

这是高校学生管理工作必须遵循的一条最基本、最重要的原则。

（二）科学性原则

高校学生管理的科学性原则，是指学生管理活动在遵循教育的客观规律的前提下，用管理科学的知识和现代化的科学技术手段管理学生。

高校学生管理工作是为教育服务的，因此必须按照教育科学所揭示的客观规律办事，使我们的学生管理工作逐步走向科学化。随着管理科学的发展，现代管理理论与方法已不断被引进到高校学生管理的各个领域。现代管理理论与方法是科学的管理思想、手段、技术的集中体现，根据它来进行学生管理工作，就可以逐步摆脱经验管理、家长式管理，使学生管理的决策、计划、组织、指挥更加科学、合理和高效，更能适应社会主义市场经济发展的客观需要。

高校学生管理的科学性原则要求我们：建立一整套严格合理的学生管理制度，逐步实现学生管理机构与制度的科学化。学生管理工作者要加强学习，不断用高等教育科学、现代管理科学的知识和理论武装自己，并结合学生管理的实际情况加以运用，努力提高管理效能。各高校要充分重视管理手段的科学化，尽可能创造良好的环境和条件，给予必要的经费，配备一定数量的技术人才，以适应在发展社会主义市场经济新形势下高校学生管理手段科学化、现代化的需要，努力提高管理效率，收到管理实效。

（三）民主性原则

高校学生管理的民主性原则，就是要求在工作中充分尊重管理人员和广大学生的民主权利，善于集中群众的智慧，发挥大家的积极性、主动性和创造性，共同搞好学生管理工作。民主性原则是高校学生管理工作的重要原则之一，它与科学管理原则相互促进，科学管理为民主管理开辟了道路，实行民主管理又是实现科学管理的保证。

坚持民主性原则，有助于弥补领导者个人才智和经验的不足，有助于克服工作中的官僚主义、主观主义，可使领导者的决策更加科学化，使学校管理工作少走弯路。坚持民主性原则，有助于调动广大师生员工的积极性，增强他们的责任感，有助于工作任务的积极推进和完成。

高校学生管理的民主性原则要求我们：建立一系列民主管理的制度，进一步拓宽民主建设渠道。如许多高校设立的校长信箱制度、定期与不定期召开座谈会等，为广大师生员工参与管理创造了机会。在此基础上，高校应通过组织手段保证民主管理的实施。要进一步健全共青团、学生会等群众组织，让他们代表各自所辖群体，在决定学校重大问题、监督各级管理机构方面发挥积极作用，尽可能接收学生参与管理。

（四）服务性原则

高校学生管理工作应坚持服务育人的理念，以服务学生为出发点和落脚点。

高校在对学生的日常管理中应坚持服务性原则,通过服务达到管理的目的,从学生的根本利益和切身需要出发,把学生看作学生管理工作的主体,一切为了学生。

(五)整体性原则

高校学生管理的整体性原则,即运用系统论认真分析和研究学生管理系统的内部联系和内部结构,学生管理系统与学校其他系统的联系与协作。重视整体性和综合性,强调整体效应,以达到整体优化的目的,实现管理目标。

高校学生管理作为一个相对独立的系统,它的整体功能是由各部分的组合形式所决定的。要实现学生管理系统整体功能的优化,就必须注意搞好总体设计和选择适当的结构方式,以便有效地满足整体的需要,为管理目标服务。学生管理系统的目标是通过严格管理,保证学校的人才培养工作顺利进行,为社会主义现代化建设事业培养全面发展的合格人才。围绕这一目标,必须设立思想政治教育管理、学籍管理、生活管理等一系列子系统。一般而言,在结构方式合理的条件下,如果各子系统性能良好,关系协调,则其整体效能肯定会较好。相反,如果各子系统虽然自身性能良好,但子系统间关系不协调,都只强调自己的效应,就会影响到整体的效能。

整体性原则要求我们:高校学生管理工作必须有一个系统的规划,在机构、人员、任务分配等方面做出合理的总体设计,必须既有全局观点,又有整体优化的观点,决不能只顾某一局部,而忽视整体效能。学生管理的方方面面必须既有明确的分工,又有相互合作,各个系统要紧密协作,相互配合。与此同时,学生管理系统必须加强与其他系统的横向联系与协作,为学校的培养目标服务。

(六)动态性原则

大学生教育管理是一个不断发展变化的动态过程,实质就是根据大学生变化、发展的情况,及时做出相应的调整,以实现"多出人才、出好人才"的整体目标。为此必须做到以下三点。

一是明确目标,立志改革。要改革大学生管理工作中存在的种种弊端和薄弱环节,适应社会、政治和经济的发展,建设有中国特色的大学生教育管理制度,使管理工作有促进改革的作用,使过去消极的墨守成规的管理工作向能促进改革的现代化管理转变。

二是经常分析新情况,解决新问题。大学生教育管理过程中易出现许多新情况、新问题，这就要求各级管理者定期做深入的调查研究，及时获取原始信息，用动态观点观察处理问题。

三是注意保持管理工作的连贯性和稳定性。大学生教育管理工作的发展，管理质量的提高，要求有一个连贯的过程，以利于管理经验的积累和管理人才的成长。

（七）实际性原则

要求高校学生管理工作要一切从实际出发，既要考虑学校的实际情况，又要考虑学生的实际情况。通过了解学校与学生的实际建立健全组织机构，明确各组织机构职能，确定学生管理目标，同时要研究适合高校自身的学生管理模式。从实际出发进行管理，有利于有针对性地开展学生管理工作。

（八）程序化原则

这是现代民主体系下最主要的一个原则。任何学校、单位都可有自己的管理模式和管理体系。但在实施过程中，必须重视法规的实施程序，既要做到照章办事，奖之有理，罚之有据，又要做到管理过程的规范化和程序化。

（九）主体性原则

由于之前受计划经济体制的束缚，国家实行高度集中的行政化社会管理体制，我国高校长期以来对学生进行封闭式的管理，弱化了学生的主体作用，制约了学生的个性发展，影响了学生综合素质的提高和创新能力的培养。21世纪是信息时代，随着全球经济的一体化，创新能力已成为衡量学生综合素质的重要标准，学生管理工作也要适应这一历史潮流，实行开放式管理。各高校应明确学生的主体地位，承认并鼓励学生张扬个性，让学生有不同程度的自主权和选择权，允许学生参加学校教育教学环节和日常管理工作，启发学生进行独立思考，引导学生进行自我教育、自我管理和自我约束，培养学生的探索精神和创新能力。这一原则包括以下五个层次。

1. 自主性

每一个学生都具有主人翁意识，自觉参与到管理中来，发挥主观能动性，自主决定自己的学习和生活。

2. 开放性

这包括两个方面：一方面是民主公开性，学生参与民主管理，管理的全过程适度向学生和社会公开；另一方面是交叉性，学生可以跨专业、跨学科、跨年级、跨系院、跨校乃至跨国学习。

3. 引导性

一方面表现在学校人才培养目标指引下的学生评价机制的导向性和教师的主导性，主体性管理模式并不排斥教师的作用，而是强调教师的主导作用，即指导学生怎样学习，引导学生怎样做人；另一方面是家庭、社会对大学生所产生的导向作用，如父母希望大学生学什么专业，社会需要什么样的人才等。

4. 规范性

学生主体性管理模式并非盲目的随意的管理，并非放任自流的无组织无纪律的管理，而是对管理条件和管理者的素质有更高要求的管理，既要保证学生主体性的充分发挥，又要对工作范围、内容和责任进行合理约束，并建立健全各项规章制度，做到有章可依，有章必依，严谨而规范。

5. 灵活性

学生在学习时间、内容和在校生活等方面都具有很大的灵活性，而这种灵活性又基于人才培养目标的确定性和学校或学生的客观实际，是原则性和灵活性的结合。

（十）渗透性原则

学生规范意识的养成存在一个逐步渗透的过程。在此过程中，教职员工的规范意识与校纪校规的执行力度是制度文化中最重要的两个因素。学校教师或学校管理者对制度的态度，势必会影响学生对制度的认识。教师及管理者的言谈举止，也会向学生传递对某一事物的肯定或否定的信息。有些教师对各种制度满不在乎的态度或者在课堂上偏离教学主题的"神侃"行为，无疑会给学生传递削弱制度权威的信息，使学生也产生貌视规范的态度与行为。在对学生行为进行管理的过程中，学校各类制度的具体落实情况，会对学生认识管理制度及遵守制度的态度产生极大的影响。长期以来，学生管理制度的执行，存在着较大的弹性。有些学校管理者出于对学生的"爱"，或者出于某种情感因素，使校纪校规在校园管理中曲向执行。由此，我们不难理解，尽管许多高校制定了诸如学生考试作弊的处理制度，但大学生触犯此项校纪校规的行为依旧屡禁不止。可见，应该有意识地塑造师表形象，强化教职员工行为渗透的正面效应，以有效实现学生管理的目标。

第二节 高校学生管理的指导思想

一、马克思主义思想

（一）人的全面发展理论

培养有理想、有道德、有文化、有纪律的全面发展的高级专门人才，是我国社会主义大学的根本任务。做好研究工作首先要解决"为谁培养人"和"培养什么人"的问题。我国社会主义大学的性质决定了我们必须确保学校培养出来的毕业生，不仅要有扎实的科学文化知识和健康的体魄，而且必须具有高度的社会主义觉悟，也就是要有理想、有道德、有文化、有纪律。

马克思主义教育思想的核心就是关于人的全面发展的学说。培养德、智、体全面发展的建设者和接班人的教育方针，是这一理论精髓的具体运用。邓小平同志说过，各级各类学校都要培养有理想、有道德、有文化、有纪律的人才。江泽民同志也指出，人的全面发展是"三个代表"的要求，是建设有中国特色社会主义的本质要求。这些理论都是对马克思主义关于人的全面发展学说的继承、丰富和发展，是党和国家的教育方针的具体化。我们要把培养全面发展的"四有"人才作为我们的根本任务和落脚点。

（二）辩证唯物主义理论

用对立统一的观点指导高校学生管理，在管理中坚持整体观。马克思主义辩证唯物主义哲学是一切社会科学和自然科学的理论基础。马克思主义的认识论和方法论，渗透于所有社会科学和自然科学之中，所以，也同样渗透于高校学生管理科学之中。要运用对立统一的观点，坚持管理的整体观。在纵向上，坚持整体观就是局部与整体的统一，从学生管理工作的整体系统看，组成这个有机整体的各部分又都是一个个支系统，是局部。学生管理系统的整体功能是由各部分的组合形式决定的，虽然支系统都各具有特定的功能，但它们都应服从学生管理系统整体的目的和功能，各个支系统的要素都是为了整体目的而建立的。在横向上坚持整体观就是处理好各支系统之间的分工与合作的一致性，把各部门都协调到培养全面发展的人才这一共同的管理目标上来。

二、现代科学思想

现代治校观念要求我们靠现代科学来管理学校,管理学生。具体来说,一要靠教育科学,要遵循教育的外部规律与内部规律办事。比如高等教育的规模由一定的经济基础所决定,反过来又作用于一定的经济基础。高等院校作为高等教育的主要载体和平台,人才、资源、市场面临着越来越激烈的竞争,理念、体制、结构也面临新的变革和调整。高校要准确把握社会脉搏,直接面向市场办学。大学生管理也要研究新情况,解决新问题,面向21世纪培养高素质的复合型人才。二要靠运用现代管理科学的理论与方法进行管理,使学生管理队伍的组织机构严密,管理制度科学,人员分工合理,职责范围明确,奖惩分明,动作协调,工作高效等。运用现代管理科学指导学生管理主要是运用它的基本原理:系统整体性原理、要素有用性原理、动态相关性原理、人的能动性原理、规律效应性原理、时空变化性原理、信息传递性原理、控制反馈性原理等。我们应在管理实践中力争使管理组织系统化、管理决策科学化、管理方法规范化和管理手段现代化。

三、国家方针政策

国家的方针政策是高校学生管理的行动准则,因此高校在开展学生管理工作时,要切实以国家的方针政策为指导。

在我国,高等教育事业是国家总体事业的一个重要组成部分,这就决定了高等教育事业必须要与一定时期社会的政治、经济发展相适应。由于高校学生管理是影响高等教育事业发展的一个重要环节,因而在开展这项工作时必须以党和国家在一定时期的方针政策为依据。否则,高校学生管理就无法取得良好的成效,高等教育事业的发展也会受到制约。

自中华人民共和国成立以来,党和国家为推动高校学生管理工作的顺利开展,制定了许多方针政策。对于这些方针政策,高校学生管理工作者必须要认真研究,并在工作中科学地运用这些政策,保证方针政策得到切实的贯彻执行。此外,高校学生管理工作者必须认真地将方针政策在贯彻执行中遇到的困难和问题,主动地向上级反映和汇报,以便方针政策能够得到不断丰富与完善。

四、人才成长规律

（一）人才成长规律的内容

高校是对人才进行培养的一个重要场所，而人才成长有其特定的规律。人才成长受到主客观多种因素的影响，需要有良好的环境、先进的教育、健康的身心和积极进取的精神。人才成长规律所揭示的，就是这些因素之间的联系以及对人才成长过程所起的作用。

（二）高校学生管理必须遵循人才成长规律

高校学生管理只有切实遵循人才成长规律，才能确保学生管理取得良好的成效，具体可从以下两方面着手。

第一，高校在开展学生管理工作时，必须要根据高校学生生理、心理发展的需要，综合考虑群体的一般性和个体的特殊性，有针对性地因材施教，使他们都能充分地发挥出自己的聪明才智。要尽力创造良好的学习条件，努力优化育人环境，满足他们成才的愿望。

第二，高校在开展学生管理工作时，必须积极探索先进的思想教育、专业教育的途径与方法，培养学生具有远大的抱负、优良的品质、坚强的意志，使他们具备成才的必要条件。

五、已有管理经验

新中国成立以来高校学生管理工作的成功经验，是当今学生管理工作的宝贵财富。

首先，社会主义大学必须坚持中国共产党的领导，坚持社会主义方向，这是我国多年来办大学的一条基本经验。坚持党的领导就是将党的路线、方针、政策作为社会主义大学管理的基本指导思想，就是要确保社会主义大学的社会主义方向，调动全校师生员工的积极性，为培养德、智、体全面发展的高级专门人才努力奋斗。坚持社会主义方向，是由我国大学的社会主义性质所决定的，一切管理工作都要根据党的路线、方针、政策去组织、实施。各项规章制度的制定都要有利于坚持"一个中心、两个基本点"，有利于调动广大师生员工的社会主义积极性，这是衡量管理功能与效益的基本点。

其次，管理工作规范化、制度化，即把符合社会主义方向的，经过实践检验又比较成熟的民主管理和科学管理体制、程序、办法用制度形式固定下来，使工作形成规范，其中心点是责、权、利相结合，使制度的思想性和科学性统一。

最后，坚持理论联系实际的原则，面向社会实践，实行教育与生产劳动相结合。社会主义大学培养的人才，必须适应社会主义市场经济的需要，在思想上有高度的社会主义觉悟和共产主义献身精神，在业务上不仅要有理论知识，而且要有较强的分析问题和解决问题的能力，要有实干精神和较强的独立工作能力。

第三节　高校学生管理的理论基础

一、学生发展理论

高校学生管理和学生发展理论的发展历程是息息相关的，学生发展理论的丰富和完善深刻影响着高校学生管理的变革，同时高校学生管理理念和管理模式的变革在很大程度上影响着学生发展理论的实践效果，两者是相互促进和制约的关系。学生发展理论于20世纪20年代兴起于美国，美国对于学生发展理论的研究和实践积累了丰富的成果和经验。美国的高校管理已经具备专业化水平，并且有属于自己的一套管理模式，通过学校管理与学生合作的方式发展学生的全面素质，制定策略鼓励学生以各种形式参与到高校管理当中，秉承一切为了学生、为了学生发展的理念。

社会心理学理论是研究个体和群体的社会心理、社会行为及其发展规律的科学。这个理论以埃瑞克森的生命周期理论为基础，认为在某一生活环境中的个体，都会面临着很多一定要解决并带有特定结果的成长问题，这些问题与不同的发展阶段相对应，并且对文化、环境氛围也会产生一定的影响。这个理论有两个要点：一是以每一个个体生命的"阶段"为根基，每一个阶段的发展过程都有不同的发展使命，并且具有"定性的"不同之处；二是个体发展"阶段"由简单化到复杂化，每一个新的阶段都以前一个阶段为前提，当这个个体完成了本阶段的发展任务后，才可以向下一阶段发展。无疑，并不是全部的个体在相同的年龄阶段、以相同大小的步伐都可以完成发展使命。奇克林是该理论著名的学者之一，他通过实证研究提出了有关学生发展的"变量理论"，有研究者认为在大学期间学生面临的最严重的发展问题是建立同一性与围绕同一性发展的七个量：管理情绪、能力发展、管理自我，确立同一性、友好的人际关系、完善自我、人生规划。学生发展的"七变量"从简单化到复杂化，他们之间不但相互区别而且相互联系，以螺旋形阶梯式递进。在此期间，学习管理对"七变量"所增加的影响不可以不管。除了奇克林的研究以外，洛文吉的线性规划、柯甘的"螺旋式发展"体系、有序的自我发展模型，这些都研究了学生发展的普遍性问题。

认知结构理论探讨了学生的发展方式和过程。此理论源于皮亚杰的认知心理学，主要强调的是智力发展过程中环境的影响。此理论所划分的各个阶段与学生的年龄没有直接关系，只是把人的成长看作思维能力的逐步提升，认为个体对环境的认知问题可以促进个体的发展与成长。帮助学生事务的管理人员树立认知发展观的最具代表性的探讨者有柯尔伯格、帕瑞。帕瑞的学生智力以及伦理发展模式把学生发展分成了四个阶段：多样性认知模式、二元论认知模式、相对主义认知模式，相对责任阶段。此模式为学生事务的管理人员解释学生智力发展变化的真实情况给予了一定的参考作用。柯尔伯格的道德发展理论是用来解决学生道德发展这个问题的另一种认知理论方法。结合道德两难的问题情况分析，柯尔伯格提出了有关个体道德发展的"三个水平"和"六个阶段"。他个人觉得学生道德发展大多是依靠平等正义原则或普遍的伦理规范，很少依赖个人的兴趣。近年来，探讨智力和道德发展的探讨者们将目光集中到了个体认知发展的细微差别上，他们分别是戈德伯吉、伯伦基、克林奇、塔瑞勒、吉里干等，他们在分别对男性和女性进行了更深层次的探讨之后，提出了不同性别的个体道德发展模式。

类型学理论将人与人之间的不同看成某种相对固定的特点。霍兰德的职业发展理论和迈尔斯-布里格斯的性格类型理论以及库伯的学习风格理论为类型学研究做出了重要的贡献。尽管类型学在心理与认知结构研究这些方面没有什么新进步，但是该理论强调了先天个性的不同会在情感发展过程当中得以表现出来，无论个体属于哪种类型，都会对其所在的群体产生独特且积极的影响。此理论为学生事务的管理人员就学生人群的学习风格、个性特点、认知方法有针对性地设计了教育项目并且提供了相应的理论支持。人与环境互动论描述的是环境与学生个体之间的相互作用。这个理论说明，学校需要创造更加丰富的条件来帮助学生成长，与此同时学生必须学会积极主动地抓住机会，并且参与到学习与发展的过程中去。代表性的成果有丁托的辍学理论、阿斯汀的大学影响模式。掌握了人与环境互动论能帮助学生事务工作人员积极创造适合学生未来发展的学习环境，该理论能为不同类型的学生设计不同的发展规划，与此同时确定了评估学生发展效果的工具和其他方式。这个理论对学生管理的实践具有一定的指导意义。

学生发展这一理论为学生事务工作者规划出了高校学生可能的发展方向。以学生发展理论为基础，相关理论方便了学生事务专业人员理解学生所遇到的成长问题，利于其有目的地制定学生未来的发展规划。学生发展理论强调的要点除了上述几点外，还包括：①个体与环境类理论；②社会心理类型理论；③认知与价值理论；④精神发展理论；⑤性别与学生发展理论。作为学生，他们应该去探索前所未有的东西，去勇于发现世界，学生的发展应该从学生的专业成长、学生的心理状态、学生的社会性发展、学生的团队合作能力以及学生的思想品德素质等方面去发展，并且一定要朝着目标不断发展，学生的自我发展情况与自身的理想与自制力有关，但最重要的是规划学生自己的人生，学生在发展的过程中也必须学会抗压，学会接受磨炼，具备一定的承受力。

需要进一步指出的是，学生、教师、校长构成了大学这个大家庭，学生的发展并非只是学生本身的问题，家长、教师、学校、社会等也必然会参与到学生培养的系统当中。一个学生将来的发展会怎样，与教他的教师有一定关系。因为作为教书育人的教师，他的一言一行都会影响班上的每个同学，所以高校学生管理工作法治化在很大程度上是对教师主体的权力约束和监督。

二、目标管理理论

1954年，美国管理学专家彼得·德鲁克在其名著《管理实践》中首次提出了目标管理（简称MBO）的概念。当时，科学和经济的蓬勃发展促使企业组织越来越大，企业分工越来越细，专业性越来越强，而整体的一致性和协调配合相较于分工专业性等问题则更容易被忽视。这种情况下，如果管理者不能及时地应对外部环境的变化，继续使用以往忽视人性的管理模式，仍然采用家长式的"压迫式"管理必然无法控制整个局面，甚至会形成管理者与被管理者对立的局面。因此，管理学专家彼得·德鲁克结合管理的实质，提出了"目标管理"理论。该理论在重视理性管理的同时也兼顾了人性的管理，通过设定目标，激发人的动机，引导人的行为，使人的需求与个人的期望和目标挂钩，以实现充分调动人的工作热情，唤起人的积极性和创造性为基本内涵。新的管理方法在总目标确定的基础上，同时再确定一定时间的分目标，并为努力实现这一分目标而进行进一步的组织管理和控制。用"目标"代替手段，实现对下属的管理是其精髓所在。

21世纪以来，随着高等教育改革的不断深化，高校学生管理工作也面临许多新情况，单单是招生和就业制度的改革就给高校学生管理带来了较多挑战，再加上教育教学内容及方式改革所带来的挑战,学生个体情况发生变化带来的挑战,以及网络设备及新媒体的突飞猛进给高校学生管理应用信息化手段带来了更大的挑战。因此,高校在开展学生管理信息化的过程中可以参照企业目标管理的理念,首先重视人的因素,让学生和一线学生管理人员参与信息化项目目标的制定,同时也要注意建立目标体系,当学校组织者确立总体目标之后,必须对其进行有效分解,把学生管理信息化的目标转变成各个部门的目标,以实现学生管理信息化的高效开展。

三、人本主义理论

(一)人本主义理论概述

人本主义通常指人本学唯物主义,是一种把人生物化的形而上学唯物主义学说,以19世纪德国的费尔巴哈和俄国的车尔尼雪夫斯基为代表。费尔巴哈由于把庸俗唯物主义同一般的唯物主义混为一谈,避免采用甚至反对"唯物主义"这个术语,因而将自己的哲学称作"人本主义"或"哲学中的人本主义原则"。车尔尼雪夫斯基也将他的唯物主义学说称作"人本主义",并把他的哲学著作命名为《哲学中的人本主义原理》。他们都反对把灵魂和肉体分割为两个独立的实体,反对把灵魂看作第一性的唯心主义观点。但他们所了解的人,只是生物学意义上的自然人,只是抽象的、一般的人,而不是社会的人。他们不通过联系具体历史、联系社会实践来考察人,因而看不到人的社会性。

现代西方的人本主义哲学思潮则渊源于欧洲大陆的唯理主义,其强调演绎、普遍、绝对、直觉,关注人的存在意义。人本主义哲学思潮发端于19世纪20年代,流行于19世纪50年代,第一代是叔本华、尼采的意志主义;第二代是狄尔泰、柏格森等人的生命哲学,与非理性主义的人本主义思潮密切相关的另一个哲学流派是胡塞尔的现象学;第三代是海德格尔、萨特尔的存在主义和法兰克福学派。在当今西方流行的人本主义的哲学流派中,比较特殊的是新托马斯主义和人格主义。

在现代西方哲学中,人本主义一词被某些唯心主义哲学家所歪曲。他们的"人本主义"是一种宣扬非理性主义和种族主义的唯心主义理论。资本主义的人本主义,主要是为了激发雇佣劳动者的积极性,目的是提高劳动生产率,获取更大的利润,为资本家创造更多的财富。正因为如此,从这些理论所生发的泰罗制、福特制等所谓科学的管理方法,虽然有利于提高劳动生产率,但最终目的是把人变为机器。他们的以人为本的理念同我们党所主张的以人为本是有根本区别的。毛泽东说过，剥削阶级的生活离不开老百姓，他们讲爱民同爱牛差不多，为的是用牛耕田，从牛身上挤牛奶。我们强调在经济社会发展和管理中以人为本，并不仅仅是为了调动人的积极性，更重要的是为了解放人、发展人，最终目的是实现人的自由而全面的发展。把执政为民作为最高价值取向，把人民群众作为最高价值主体，这就是我们所说的以人为本。

（二）人本主义理论的要点

人本主义理论广泛吸收了教育学、管理学、心理学等学科知识，综合运用社会调查、典型试验和个案分析等科学方法，将管理从原来的以"事"为中心的管理发展到以"人"为中心的管理；由原来的"监督"管理发展到"人性激发"管理；由原来的"独裁式"管理发展到"民主式"管理；由原来对"纪律"的研究发展到对"行为"的分析，这在很大程度上促进和发展了高校学生管理。从教育学、管理学、心理学三个方面来看人本主义理论强调的要点，主要包括以下内容。

第一，从教育学的视角来看，人本主义理论提倡教人、做人、成人的教育，主要培养自我展现或发挥其作用的人；主张将情、智教育融为一体；把学生视为学习的主体；还主张进行教学课程改革，实施意义学习和经验学习。

第二，从管理学的视角来看，管理的主体是人的心灵；第二个管理对象兼有人和物，但管理的内容取决于人们的管理，归根到底是人的管理，所以管理的对象主要是人的问题。人本管理的内涵可以概括为，尊重人、发展人、依赖人。重点是基于人类，以人为前提。其目的是以人为本，尊重人、依靠人、发展人的价值理念。

第三，从心理学的视角来看，人本主义和其他学派特别强调的是人的主要差异的本质和价值，而不是专注于研究问题行为，并强调人的成长和发展，称为自我实现。自我实现是指人都需要发挥自己的潜力，展示自己的才华，只有当人的潜力充分发挥并表现出来时，人们才会感到最大的满足。

人本主义理论肯定人的价值、尊重人的个性、强调人的感受，它主要是指以人为中心的管理理论，它是在行为科学的基础上的人群关系组织理论和管理理论。人本主义理论的精神是从人的本性出发，以人为中心，以发展人的积极性为目的，强调人的主动性和创造性，重视人的主体地位和作用。

人本主义的基本思想观念有：人本主义哲学主要是对人性的假设；人的本性是善的，并且认为人是非常伟大的；人本应享有人生的快乐；人应该把握自己的命运；人具有创造性能力、自主性能力，人的发展是积极主动的。

（三）人本主义理论的应用

人本主义理论在高校学生管理中的应用十分广泛，为了更好地阐述和理解人本主义理论，本研究主要梳理了人本主义的管理观、师生观、学习观、教学评价、学生的心理治疗五个方面，以便有重点地把握人本主义理论在高校学生管理当中的具体实践。人本主义管理观认为，持续有序的管理必须以尊重人格为前提，主要表现在高校学生管理主要是对学生生活和学习的管理，不掺杂其他成分和内容，管理中应当相互尊重，管理过程中要加强学生与教师、管理者之间的沟通；逐步建立柔性管理体系，培养学生的自我管理能力、自我改善能力，同时要求高校的管理者和教师要充分尊重人的价值和发展；还要确立学生的主体地位，这不能仅停留在口号和宣传标语上，而是要内化到管理者和教育者的整体素质当中，外化到行为当中，同时也要写进高校学生管理制度和政策规定当中。

在传统的师生关系中，教师是学习的指导者，学生是教学内容的接收者。人本主义教育理论重新诠释了师生关系：教师是学生的协助者和学习伙伴，学生是学习的主导者。人本主义教育理论反对压抑学生的好奇心和潜能，重视对学生的解放，认为教师的主要作用是帮助学生创设一种适宜的学习环境从而使学生积极主动地完成学习任务。在教育活动中，教师要尊重学生、真诚地对待学生，让学生爱上学习，自动自发地积极参与到学习中，教师应成为学生的学习伙伴、朋友。

人本主义教育理论提出了意义学习的学习观，把学习分为两类：一类近似于心理学上的无意义学习；另一类为意义学习。前一类的学习，是一种机械式学习，不涉及个人意义，与完整人格无关，因此学习效率极低。人本主义教育理论认为，真正有价值的是意义学习。意义学习不是指那种仅涉及事实累积的学习，而是指一种使个体的行为态度、个性发生重大变化的学习。这不仅是增长知识的学习，还是与每个人的经验融合在一起的学习。个人对学习的投入不仅涉及认知方面，还涉及情感、行为和个性等方面。学习不单对认知领域产生影响，还对行为、态度和情感等多方面产生影响。为此，人本主义教育理论强调"以学生为主"的教育原则，真正的学习是意义学习，意义学习的目的就是培育学生的独立性、创造性，鼓励学生自由探索，促进学生自由学习。

在"完整人格""意义学习"理论的基础上，人本主义教育理论建立了自己的教学评价模式，反对以考试和考核为主的外部评价，提倡自我评价，认为这是发展学生独立性的先决条件。这种评价作用的本质是使学生为自己的学习负责，使之学习更加主动，学生主动参与学习和评价过程。学生可以结合自身的兴趣、个性发展等多种因素进行评价，从评价的结果中全面地审视自己，从而不断完善自己。

人本主义理论在高校学生心理发展和咨询方面也发挥了一定的作用，为了帮助那些心理压力较大的个体，罗杰斯认为给他们提供求助者中心疗法的核心条件将能带来积极的变化。移情个体的体验，接受和尊重人的个性，并且真诚地帮助病人，能够使病人变成一个健康的人。马斯洛提出了人的需要理论，认为人类的需要由五种等级构成：生理需要、安全需要、归属和爱的需要、尊重需要及自我实现需要。这五种需要都是人最基本的需要，是天生的、与生俱来的，成为激励和引导个体行为的力量。所有的生物都需要食物和水分，但只有人类才有自我实现的需要。

综上所述，人本主义是一门以"人"为本的哲学，它强调人类自身权利、尊严和价值的不可侵犯性，它维护人类对自我发展、自由与善的追求，它尊重人类的自主性与能动性。人本主义教育理论强调以学生为主，关注学生的内心生活，学生的内在尊严、权利和价值；人本主义心理理论强调以人为本，同时也维护人类的自我发展与自由。

四、人力资本理论

1979年诺贝尔经济学奖得主舒尔茨是公认的人力资本理论的构建者。1960年，他在美国经济协会的年会上以会长的身份做了题为《人力资本投资》的演说，阐述了许多无法用传统经济理论解释的经济增长问题，明确提出人力资本是当今时代促进国民经济增长的主要原因。舒尔茨认为，人力资本是体现在劳动者身上的一种资本类型，它以劳动者的数量和质量，即劳动者的知识水平、技术水平、工作能力以及健康状况来表示，是这些方面价值的总和。舒尔茨人力资本理论的基本思想大体可以概括为，单纯从自然资源、资本资源和技术资源这些生产要素的投入，无法解释现代社会生产力提高的全部原因。有一个极为重要的生产要素被以往的经济学家们忽视了，那就是人力资本的投入，它对于人类社会的进步具有决定性作用。舒尔茨指出，"人力投资的增长无疑已经明显地提高了工作质量，这些质量上的改进也已成为新增长的一个重要源泉"。他还指出，"有能力的人民是现代经济丰裕的关键。他们是经济增长的一个重要源泉。如果我们忽视了人的技能和知识的改善，忽视了使一个人变得更有能力的信心，那么经济增长的事业就会乏味而又得不到补偿"。

在高校学生管理工作中，管理的使命应在关心人、尊重人、帮助人、教育人、陶冶人和塑造人的基础上，以人的知识、技能和实践创新能力为本，通过对人力资本的有效组织，科学规划，引导人才进行自我管理，以最大限度地挖掘人的潜能，发挥人的智慧和才干。通过帮助人才实现自我管理来达成管理的目标，并通过管理目标的达成来促进个人主体性、积极性的发挥和主体价值的充分体现，使人才获得超越生存需要的更全面的自由发展，实现能力价值的最大化。

五、过程型激励理论

在很长一段时间里，管理学的核心问题一直是激励问题。根据对人类行为的不同假设，从而提出不同激励机制也一直是行为管理学派、科学管理学派以及其他一些管理学派之间的一个最基本分歧。"激励"一词在管理学与经济学中的含义也各不相同。相对于以强调人的内在动机为基础的管理学中的激励，经济学中的激励强调更多的是利用外部手段，例如，通过激励、惩罚来诱使人采取某些行动。长期以来，经济学与管理学的激励理论研究并没有充分地结合起来，而一直是泾渭分明的。管理学中的"行为科学"在20世纪30年代以后得到了迅速发展。在现代，非常有影响力的一些激励理论大多是建立在"行为科学"这一理论基础上的。现代激励理论的发展则经历了从侧重对激励内容的研究到侧重对激励过程进行探索的过程。同样，过程型激励理论着重研究人从动机产生到采取行动的心理过程。期望理论是过程型激励理论的一种，美国心理学家弗鲁姆的期望理论认为，一种行为倾向的强度取决于个体对这种行为可能带来的结果的期望强度。期望理论的基本模式：激励＝效价 × 期望值。该模式表明，能够以最大化效价满足个人需要的是行为目标，如果实现目标的可能性过小，那么激励效果也就不会十分有效；相反，虽然某种目标实现的可能性很大，但如果对于其个人没有很大的价值，那么人的积极性也是不会被明显地激发出来的，如果要进行有效的激励，那么应当使效价和期望值都足够大。

第四节　高校学生管理的现代转向

一、管治与善治之流辩

管治与善治同属于社会管理的范畴，但分属于不同的理念和向度。管治建立于传统公共管理理论的基础上，指的是管理者为实现管理目标而对被管理者实行控制的一种管理过程，其强调的是控制，特征表现为等级制、强制性和缺乏参与性，是过去遗留下来的社会管理模式。

而随着20世纪80年代世界市场的形成，经济全球化的发展、信息技术变革所带来的公共环境的变化，以及人们权利意识的增强，使得世界各国政府开始对传统管治模式进行反思。正是鉴于国家的失效与市场的失效，越来越多的人热衷于以治理机制对付市场和政府协调的失败。

于是，自20世纪90年代以来，治理一词开始纳入西方学者视野并广泛地被用于政治发展研究中。开其先河者为治理理论的主要创始人之一——詹姆斯·N.罗西瑙。在其看来，治理指的是一种由共同的目标支持的活动，这些管理活动的主体未必是政府，也无须依靠国家的强制力量来实现。

而我国学者俞可平则认为：所谓治理，是使相互冲突的或不同的利益得以调和的持续的过程。它包括有权迫使人们服从的正式制度和规则，包括各种人们同意的非正式的制度安排。治理的基本特征有：治理不是一整套规则，也不是一种活动，而是一个过程；治理过程的基础不是控制，而是协调；治理既涉及公共部门，也包括私人部门；治理不是一种正式的制度，而是持续的互动。

从以上中西方学者的表述中我们认为，治理理论强调政府对于社会公共事务的管理权限与责任的有限性和社会（包括政府、市民、社会组织、企业和个人）多元共治的多样性。治理一定程度上可以弥补国家和市场在调控和协调过程中的某些不足，但其不能代替国家而享有政治强制力，也不可能代替市场而自发地对大多数资源进行有效的配置，在现实的社会管理中也存在着治理失效的可能。

我国学界和政府对善治开始关注并广泛应用则始于中央编译局俞可平教授对治理和善治的探讨和总结，他认为，概括起来说，善治就是使公共利益最大化的社会管理过程。善治的本质特征就在于它是政府与公民对公共生活的合作管理，是政治国家与市民社会的一种新颖关系，是两者的最佳状态。同时，他将善治的基本要素归纳为责任性、合法性、法治性、透明性、有效性、回应性、参与性、稳定性、廉洁性和公正性。综上所述，我们认为善治是指善于治理或好的治理。作为多元治理、和谐治理的治理境界，善治的实现是政治制度的终极目的。

二、善治的必要性和紧迫性

治理尤其是善治理论的提出，不仅对世界各国的社会管理层面产生深远影响，而且对高等教育内部管理层面也产生了深远影响。面对当前高校学生管理的外部现实挑战、内部管理机制的弊病和高校内部学生管理改革的内在需要，实现由管治到善治的转向显得十分必要和紧迫。

（一）由管治到善治的转向是高校学生管理适应现实挑战的需要

随着改革开放向纵深发展，我国教育事业在多年的求变中也进入了改革的深水区。世界形势和格局的剧烈变化，各种社会思潮的出现给我国高校的学生管理带来了前所未有的冲击。多元文化的碰撞和交融，让学生无法从多重标准中选择正确、合适的方向；经济转型、利益调整、阶层分化所带来的社会金钱观、利益观、道德观的转型和重建，对学生的世界观、人生观和价值观都产生了重大的影响。面对新的社会形势和新的学生主体，传统高校管治模式的改革势在必行，而强调多元参与、共同合作的善治理论则正好赋予了我们的学生管理一个崭新的视角。

（二）由管治到善治的转向是革除高校自身学生管理弊病的需要

众所周知，目前我国各高校学生管理大同小异，都是采取以学校管理为主、学生自主管理为辅，条块结合、以条为主，专兼职人员共同参与的基本体制。学生管理的内容主要包括日常思想教育、学生心理健康教育、学生宿舍管理、学生社团管理等。学校采取的还是传统的管治模式，在一定程度上管理制度不健全，管理缺乏有效程序；法治观念不强，忽视学生权利；管理队伍不稳定，人员素质参差不齐；管理手段落后，管理效率低；评价体系僵化，人才培养异化；班级组织涣散，师生关系疏远。这些现象的存在严重背离了我们的人本教育理念。因此，只有实现由管治向善治的转向，才能让管理者和学生之间相互协调、良好互动，在公正、透明、法治的基础上实现共同治理。

（三）由管治到善治的转向是适应高校教育体制改革的内在要求

社会发展与教育改革相辅相成、互相影响。诚如马克思所言：一方面，为了建立正确的教育制度，需要改变社会条件；另一方面，为了改变社会条件，又需要相应的教育制度，因此我们应该从现实情况出发。

正是基于这种认识，早在1985年，针对教育，我国就出台了《中共中央关于教育体制改革的决定》，为我国的教育改革掀开了序幕。党中央从国家战略的高度，明确推进教育的全面、协调和可持续发展，制定和实施了《国家中长期教育改革和发展规划纲要（2010—2020年）》，明确了新时期我国教育尤其是高等教育的发展目标和指导方针。

其体现在办学体制方面：坚持政府主导的同时，要重视社会参与，大力发展民办教育，形成以政府办学为主体、全社会积极参与、公办教育和民办教育共同发展的格局。体现在教育管理体制方面：以简政放权和转变政府职能为重点，中央向地方放权、政府向学校放权，不断扩大学校办学自主权。这契合了中国教育的改革目标和方向，实现高校学生管理由管治到善治的转向便成了我们的必然选择。

三、高校学生管理善治的路径选择

高等教育既承担着传播科学、技术、文化的重任，也肩负着为社会主义现代化培养合格建设者和接班人的历史使命，要真正实现高等教育以人为本的教育理念。

（一）治理主体的职业化、专门化

高校学生管理的治理主体是高校日常学生管理工作中具体事务的组织者和实施者，具体包括高校学工、团委等部门的教师，也包括各二级学院具体负责学生工作的党委书记、学生科长和一线的班主任、辅导员。治理主体的职业化和专业化水平决定着高校善治的成效和质量。

为此，高校一方面要严格按照国家学生管理相关规定做好学生管理的师资配备，并要根据高校自身实际需求制定学生管理者的选拔标准，力求将优秀的学生管理者纳入主体的行列；另一方面要注重治理主体的专业培养和职业发展，要通过相关的学习培训提高其素养和水准，同时要有针对性地制定相关政策，为其职业发展提供更广阔的空间，从而保证该队伍的稳定性和连续性。

（二）治理机制的多元化、合理化

治理机制是高校学生管理运行的根本体制和具体制度的总称。高校学生管理要实现善治，理顺工作机制是关键，其具体要求是多元化和合理化。多元化强调的是解决机制单一的问题，合理化则强调的是可实施、可操作性问题。针对高校现实情况，高校要大力从以下几个方面解决机制多元化、合理化的问题：一是建立学校、社会、家庭互联互通的沟通协调机制，力求实现学生事务管理主体多元化；二是建立以条为主、条块分割的多级管理运作机制，实现各管理机制的联动性和协调性；三是从责任主体、智能主体方面完善高校学生事务管理专门化制度建设；四是从学生管理制度专业化、精细化着手，建立一支高素质的专业化队伍。

（三）治理环境的民主化、法治化

民主、法治是我国社会主义的根本特征，是践行依法治国、建设社会主义法治国家的必然要求，高校学生管理的善治是否能取得真正成效，必然依赖于公民与政府是否能进行积极有效的合作。诚如政治学者俞可平所说的：公民必须有足够的政治权力参与选举、决策、管理和监督，才能促进政府并与政府一道形成公共权威和公共秩序。

为此，一方面，政府要在依法治校的基础上与学校、社会分享权力，扩大学校的办学自主权，改革高校的行政管理体制，实行教师尤其是教授治校；另一方面，学校要根据我国高等教育法的相关规定实行民主管理，推进学生自治和学生参与，通过建立对话制度、学生参会制、民主评议制、学生代表大会制、直接选举等方式扩大学生的民主参与，营造校园和谐、民主、平等的治理环境。

应该说，目前我国学生管理要实现从传统的政府管治模式向善治模式的转变，虽然具有一定的社会基础，但由于受历史和现实诸多因素的限制，这一目标的实现仍然任重而道远，还有赖于学校、政府、社会以及全体公民的共同努力。

第二章 高校学生管理的现状

经济全球化、科学技术信息化和高等教育大众化等大环境的变化,要求教育管理者站在时代高度,从全局出发,及时发现高校学生管理中存在的问题,并加以调整和改进,促进管理水平不断提高,为学生的成长成才打造好的平台。本章分为高校学生管理取得的成绩、高校学生管理存在的问题、高校学生管理存在问题的原因、信息时代高校学生管理面临的机遇与挑战四部分。主要包括教育法制化建设日臻完善、服务育人理念开始形成、学生管理的工作体系初步形成等内容。

第一节 高校学生管理取得的成绩

一、教育法制化建设日臻完善

教育法制化建设是社会主义法制建设的要求,也是教育管理自身的要求。随着民主法治理念的普及和个人权利意识的增强,原有的高校学生管理思想、管理模式、管理方法越来越不适应形势的变化和发展。在社会法制化建设过程中,教育法律体系进一步完善,大学生的权利意识有了很大的提高,他们不再是简单地服从于学校的管理,不再是完全遵从学校强加给自己的各种规章,而是权利诉求不断高涨,他们需要更多地从学校那里获得自由和保护,当某些权利诉求不能获得公正、公平的处理对待或者大学生们认为没有获得应有的权利时,他们开始利用各种方式来维护自己的利益,甚至不惜与学校对簿公堂,高校学生管理的权威性受到了前所未有的挑战。

二、服务育人理念开始形成

在坚持马克思主义关于人的发展学说和我国的教育方针的指导下,高校学生管理广泛吸纳思想政治教育学、高等教育学、高等教育管理学和心理学等学科的研究成果，逐步丰富了学生管理的理论基础。在实际工作中，开始重视对高校学生特征、学生思想的研究，注意考虑学生的心理需求和尊重学生个人的正当利益，在重视对学生进行管理的同时，开始形成为学生成才服务的管理观念，体现了"以人为本"的管理理念。

三、学生管理的工作体系初步形成

随着高校学生管理职能的不断扩大，管理功能出现了分化。一些高校成立了以学生处、团委、教务处、招生就业处、总务处等部门共同构成的学生管理工作领导委员会，协调全校的学生事务。学生处的职能不断扩大，并开始出现分化，分工也越来越细。许多高校成立了学生心理咨询中心、勤工助学服务中心、大学生活动中心、宿舍服务中心等机构，以凸显学生管理服务职能。各院系都基本成立了学生工作领导小组，一般由一名党总支副书记专职分管学生工作，领导专兼职辅导员具体开展学生管理工作。校、院、系三级学生会普遍设立，引导学生开展自我教育，进行自我管理和自我服务。

（一）具备相对独立的内容体系

随着社会的发展，高校内部管理体制和教学改革的不断深入，以及学生个性特征的变化，高校学生管理工作中出现了大量的新的具体事务，如贫困生的出现，带来了学生生活保障的问题，并由此产生了助学贷款、勤工助学等事务；弹性学分制的推行，导致学生班级结构被打散，宿舍、社团等作为新的"育人阵地"开始备受关注；大学生自主择业的实施，使就业指导、职业规划指导、就业信息收集与发布等服务项目孕育而生。经济压力、学习压力、就业压力、人际交往压力等导致学生的心理问题凸显，使得管理者不得不重视学生的心理辅导；学生缴费入学，导致学生作为"消费者"的主体意识不断增强，对学校的育人环境、学习和生活条件等有了新的更高要求。由此，学生管理工作初步形成了既有规范、又有指导、也有服务的较为系统的内容体系。

（二）专职辅导员队伍日趋壮大

各高校通过多种途径引进人才担任专兼职辅导员，不断壮大辅导员队伍，同时鼓励和引导专职政工干部继续深造，攻读研究生，大大改善了专职学生工作人员的学历结构。同时，教育部和地方教育部门和各高校还通过举办各种专题培训和研讨会，如"心理咨询培训""新上岗辅导员培训""思想政治教育理论研讨会"等，不断提高专职学生工作人员的理论素质，使学生管理工作队伍建设取得了一定成效。

第二节 高校学生管理存在的问题

一、学生管理理念陈旧

（一）重智育，轻视学生的全面发展

学生的成长应该是德育、智育、体育、美育等方面的协调发展。因此，高校学生管理工作就要注重培养学生各方面的素质和能力，不能忽视某一方面，这也是"以人为本"思想的内在要求。而当前我国高校学生管理工作还在一定程度上存在只注重学生的学习，而忽视其他方面能力培养的现象，不少高校教师还存在重学生的智育培养、轻其他方面培养的趋向，使学生的全面发展在某种程度上受到了限制。

教学是高等教育阶段学生成才的重要环节，但是"成才"的标准是"人的全面发展"，以学生的品德结构、智能结构、身心结构的合理形成为标志，而不能只看成绩单上各学科的分数。学生在校学习期间不单单要学习书本知识，还需要不断培养和提高其他各种综合性的能力。

但是，高校中不少教师存在着重书本学习、轻能力培养的趋向，忽视发挥学生特长、培养学生个性的第二课堂活动，认为组织学生开展各种活动是"不务正业"，会"把学生的心玩散"而影响学生的专业学习，因而使得学生的各种能力的培养在某种程度上受到一定的限制。高校应该明确"成才"的标准，围绕全面发展的目标，为学生提供施展才华、展示个性、发挥特长的条件和环境，以支持学生在学习书本知识的同时提升综合素质，只有培养出全面发展的受社会青睐的人才，高校才能打响自身的品牌。

（二）重思想教育，轻行政管理

学生管理是对学生在校阶段的日常学习、生活、行为的管理，是高校实现培养合格人才目标的重要手段。学生管理工作是高校建设的一项经常性、基础性工作，是建设优良学风，提高人才培养质量的重要保证。可以说，学生管理得好不好，直接关系高校的稳定与否，关系人才培养的质量以及学校发展的好坏。

在以往的学生管理工作中，有的人对管理的宗旨和任务不够明确，对管理的重要性认识不足，以为管理就在于管住学生的"思想"，没有把日常的思想教育和行政管理工作有机地统一起来。

行政管理即运用国家权力管理社会事务的一种活动，也可以泛指一切企业、事业单位的行政事务管理工作。行政管理系统是一类组织系统，它是社会系统的一个重要分系统。随着社会的发展，行政管理的对象日益广泛，包括经济建设、文化教育、市政建设、社会秩序、公共卫生、环境保护等各个方面。现代行政管理多应用系统工程的思想和方法，以减少人力、物力、财力和时间的支出和浪费，提高行政管理的效能和效率。行政管理注重的是手段和方法，而行为管理注重教育者的示范作用，规范学生行为，即学生的行为举止等。因此，在具体的管理过程中，容易产生片面强调思想教育，轻视行政管理手段的倾向，这样做往往会影响教育的实际效果。

应该看到，大学生在校的几年，世界观还处于初步形成时期，他们的政治思想和行为结构及其功能，与其在学习、生活中的思想和行为结构及其功能，虽然有相当程度的可比性，但并不完全吻合。因此，思想教育不是万能的。无论思想工作做得如何细致，方法如何得当，总会有疏而不通、导而不行的人。学生中触犯纪律、违反校规的现象总会存在，这就应该借助行政管理手段。而这种行政管理手段，就是把管理的理论与学生的实际及其利益统一起来，形成科学的条例、制度，指导、服务并约束学生的行为。

所以，在加强思想政治教育的同时，更重要的是要强化管理。要树立科学的学生管理思想，把教育寓于管理之中。把思想教育的"晓之以理"与行政管理的"约之以规"结合起来，以教育带动管理，以管理促进教育。

基于此，在培养人才的过程中，轻视思想教育工作是错误的，而忽视管理工作更是错误的。实践证明，没有管理的教育是空洞的教育，没有教育的管理是低层次的管理。只有深入推进高校学生管理工作改革才能使教育更为行之有效。

二、权利救济机制不健全

在高校学生管理领域中，因为学生处于弱势群体的一方，学生的权利易受侵害，因此权利救济问题不管是在政府中还是在教育界都是热点问题。但随着时间的推移，高校学生权利救济逐渐暴露出许多问题。从法治的角度看，高校学生权利救济问题主要体现在以下几个方面。

首先，申诉的受理机构还不够完善。现在学生权利受到侵害后，通常向学校申请提起申诉或者向校外提起行政诉讼,但到底什么时候在什么情况下才能提起相应的申请等之类的程序还没有明确的规定。因此,应尽快完善申诉受理机构,完善申诉处理方法,把对学生利益的保障落到实处。

其次,学生的申诉权利没有得到应有的保障。学生的诉讼权是维护学生权益的最后一道防线,是高校学生管理法治化和学生个体维权共同作用的结果。但高校的地位和法院的受理权限使得大学生不知所措,甚至阻碍了大学生维护权利、伸张正义之路。

最后,就司法介入高校的范围而言,"司法是权利救济的最后保障",这句话是在说明司法在保障学生权益方面起着不可替代的作用,司法的介入有力地维护着大学生的权益。但与此同时,高校的自治权、学术自由权等又该如何体现?司法介入高校学生管理的程度该如何界定?因此,健全高校学生管理救济制度就更要理清司法介入的程度。

三、高校管理氛围不够浓厚

随着高校扩招,在校生人数增加,部分高校把大部分精力放在了教学活动的开展、教学质量的提高上,只关注教育、教学指标,而忽视了学生的基础管理工作,造成学校的学生管理工作混乱,校风较差。

此外,部分高校缺乏相应的学生管理制度或者即便有学生管理制度,也只是流于形式,执行很不到位。遇到犯错误、有问题的学生,仅仅是不疼不痒地训斥几句,根本没有起到相应的管理、教育作用。管理,即服务。学生管理工作也应当为学生的学习和生活服务。当下的高校学生管理,普遍忽视了这一点。学校管理层和管理人员只行使权力,一味地用管理制度束缚学生,却没有尽到相应的责任和义务,没有考虑学生在学习和生活等方面的需求,没有解决学生的实际困难和问题,造成学生对学校的管理制度理解得不到位,甚至产生抵触心理,进而影响学校整体学生管理工作的开展,影响教学活动的正常、有效开展。

四、学生管理主体职责不明

我国高等学校的管理主要是以学校管理者为主体,以行政权力的使用和表达为特征,追求管理过程、结果的规范和高效率,管理从手段上升为目的,并由此形成了系列化、网络化的管理制度和运行机制,没有很好地吸收教师和学生参与管理活动,重视他们的主体价值。

随着社会主义市场经济体制的建立和完善、高等教育管理制度的巨大转变和大学生主体性的增强，管理者不得不重新认识学生在管理中的权力和利益、地位和作用，必须重新考虑学生在管理中的角色和能够承担的责任、义务，以适当的形式吸收学生参与高校各项管理活动，特别是教学管理活动。

（一）领导层面

现在的学校学生管理工作管理体制大多是由学生处负责协调，在分院（系）设立学生工作办公室，成员一般由学办主任和辅导员组成，由学办主任负责，涉及学生的日常管理、思想教育、毕业生就业等工作，基本是采取条块管理的方式。各分院（系）学工办接受学生处的业务领导。

道理上讲，各分院（系）的工作应该是教学、科研、学生管理工作三大块。学生管理工作也应该是各系级教学单位的主要工作之一，应该由分院（系）领导统一来管，但由于历史的原因，学生管理工作一般都游离于分院（系）中心工作之外。这和以往一直采取的条块管理以条为主的管理方式有直接关系，这是计划经济的产物。这种管理体制在当时的情况下是行之有效的，有利于统一思想，统一管理。在计划经济条件下，招生、分配都由国家统一负责，招多少学生、分配到什么地方也是由国家来制定计划，学校负责落实。

在这样的背景下，学生的活动形式、管理模式都由学校来统一制定和实施。分院（系）对学生主要承担教学任务，有时所教的学生还不仅仅是自己单位的学生。学生人数的多少、质量如何、分配去向对分院（系）的发展和任课教师没有制约，同时学生管理工作干部自身也不情愿和不习惯接受单位领导的指导和监督。这就造成了分院（系）的教学、科研、学生管理工作三分天下，而学生管理工作游离于本单位整体工作之外的奇怪现象。

随着市场经济的发展，学校招生就业形势的变化，高校的体制也发生了重大变革，目前的状态是，分院（系）领导不愿管也不好管；分院（系）学生管理工作领导小组既独立又需要在工作上得到单位领导的支持；学生管理工作处是主要管理部门，又不能面面俱到，出现了学生管理工作管理体制的不适应；分院（系）学生管理工作领导小组的组成中也有分院（系）的其他领导，但由于上述的客观原因，他们大多不过问学生管理工作。

（二）辅导员层面

在高校的学生管理工作中，管理人员一般是辅导员，辅导员是学生管理工作的基层领导者、组织协调者和管理者，是教学交流中的信息员，也是学生学习和生活中的服务员。

而现实情况是辅导员精力有限，又要身兼数职，难以达到想要达到的工作效果；高校学生宿舍的管理大多数是招聘社会人员当保安，学生管理队伍素质参差不齐。学生管理工作机制不完善，制度不健全，有制度不落实，教学和管理衔接不上甚至是相互脱节，难以形成管理的合力，因而学生管理工作难以适应当前形势发展的新要求。

（三）家长层面

家长很少参与学生管理。在高校，学生缴费上学，学生与学校的关系转变成了消费者与消费提供者的关系，传统的教育与被教育的平衡关系发生了改变。学生家长退出对其子女的管理，并理所当然地把管理的责任转嫁给学校，家长的这种错误认识，导致高校发生学生事故时，学校和家长之间常产生法律纠纷。

国外的一些做法值得借鉴。美国很多私立高校在学校董事会或管理委员会组织成员中规定了校长、教师、家长和社会人士的组成比例，赋予家长更大的教育参与权与选择权，鼓励他们参与学校重大事务的管理和决策，以使学校在办学的各个方面能够反映家长与社会的要求。

（四）学生层面

在高校学生管理中也有学生参与管理，但参与的面不够广，参与的程度也不够深。学生参与管理主要起到一种检查作用，即使直接参与管理，任务也比较单一，如在宿舍里，舍务管理委员会的任务主要是协助舍务老师检查卫生。学生参与管理都是义务的，对他们缺少一种约束力，管理效率不是很高，学生管理在很大程度上依靠学生本身。仍以美国为例，美国学生宿舍管理员实际上充当了管理员、顾问和教师这三重角色，他们在许多方面起到了专职人员的作用。学生管理员参与宿舍的管理工作属于勤工助学，他们在任职期间伙食免费，并享受免费住宿，除此以外，还可获得少量津贴。

五、学生管理工作方法单一

目前，我国大多数高校依然沿用传统的管理模式，传统的高校学生管理模式固然有其存在的价值，但是随着社会的发展变化及高校规模的不断壮大，旧有的管理模式与现存的新情况、新问题必然会产生冲突，不能很好地实现其职能。

比如先前的高校教育管理体制是以班为单位的，与学年制相适应。学生的组织管理层次比较清晰，人员也较稳定。但是，现在大多数高校的教育体制实行的是学分制，学生自主决定选修专业、上课时间、修业年限及任课教师，淡化了班级及年级概念，班级成员也不再一成不变。在这种情况下，班级职能将随之发生变化，教育管理基层组织对学生的管理能力随之下降，有效教育管理的目标不能达到，使得现行的学生工作运行体制也无法像以前那样正常运行。

目前，我国大部分高校的管理方法仍然停留在先前的强制、约束的层面上。虽然用强制、约束的方法看上去很快就能见成效，但是多数情况下学生只是表面应允了，实际并不当回事，仍旧我行我素。而且在当下多元文化发展背景的冲击下，学生受到各种文化思潮、不同价值取向的影响，必然与学校单一的管理方式、方法产生严重的冲突。因此，高校的管理方法需要随着社会文化的发展而相应地发生变化，为当代大学生提供一个有利的发展空间。

六、学生管理工作两极分化

辅导员是班集体的领导者、组织者和管理者，在高校班级建设和实现学生成长目标的过程中，具有举足轻重的作用。当前，在许多高校中，辅导员对学生的管理工作存在两极化发展的态势。

一方面，一些辅导员认为学生已经是成年人了，有他们自己的处世方式，不必过多干涉，平时与学生接触不多，很少到学生寝室、教室去走走看看，不去了解、关心学生，学生真正遇到棘手的事情不能处理时，很难找到辅导员，也得不到及时解决。这些辅导员在对待班级工作时，主要是充当"通讯员"的角色，将学校分配的一些工作任务交给班干部去做，对学生管理工作很少进行指导和探讨，主张不求有功，但求无过。

另一方面，一些辅导员随意夸大学生的缺点，不信任学生，全包全揽班级事务，在管理过程中，这些辅导员往往累得筋疲力尽，而学生的主动性、创造性得不到发挥，他们认为被管理得过多，感到过于压抑，对辅导员的做法也不理解。

人是有差异的，人的思想是复杂的，不是一次集体的会议就能解决所有人的问题的，具体人物需要具体对待，特殊情况需要做特殊工作，要掌握事物的普遍性和特殊性，因此管理工作者要深入学生之中，广泛接触自己的管理对象，交谈、交心、交朋友，这样才能掌握情况，加强即时教育。

随着高校改革的不断深入，对高校学生管理工作的要求越来越高，不仅仅要不断更新管理理念，建立合理的管理体制、师资队伍，严格管理制度，更重要的是要端正管理思想，懂得管理方法，建立合理的管理组织机构，以更好地为高校的学生管理服务。

七、学生管理工作队伍发展缓慢

随着高等教育大众化步伐的加快，高校师资队伍没有得到及时的补充，大众化进程给高校学生管理工作带来的最大挑战是学生管理工作队伍匮乏，发展缓慢。

具体来说，当前我国高校学生管理工作队伍有以下几个方面的问题。

①高校学生管理工作队伍的主体是专职辅导员，但专职辅导员队伍数量严重不足。这在很大程度上加重了专职辅导员的任务，使其没有更多的时间和精力对学生进行过细的思想政治教育工作，无法及时对有问题的学生进行心理问题的疏导。

②专职辅导员队伍质量参差不齐。各高校专职辅导员一般来源于本校留校的本科生或研究生，由于专业的限制，他们中很少有人专门学习过教育管理学或心理学的知识，同时又缺乏进修以提高自身专业水平的机会。

③高校学生管理工作内容庞杂，事务琐碎，导致学生管理者不可避免地每日陷于行政事务中，疲于应付，使学生管理工作表面化、肤浅化。

④高校学生管理工作队伍的另外一支力量是兼职班主任，兼职班主任一般为青年业务课教师，但激烈的社会竞争使得高校青年教师在科研、教学等方面都面临很大的压力。他们需要承担大量的教学工作，而且他们最终的发展还是取决于业务水平和教学科研能力的提高，从而导致其角色和时间的冲突，使他们精力分散，难以全身心地投入学生管理工作中。这就使得整个高校学生管理工作队伍建设缓慢，无法适应新形势的需要。

八、学生管理中出现的法律问题

（一）学生的权利与义务之间不对等的问题

权利和义务是法律的中心内容和基本要素，两者是相互联系、必不可少的。但在高校与学生的权利义务关系中，高校和学生双方的权利义务是不完全对等的。权利和义务的不对等形成了学校管理和学生之间的矛盾，当天平的这一端重于另一端时，天平就失去了平衡，同样造成了大学生心态的失衡和对于学校管理的不信任。

只有保障学生充分的合法权利，让其感到被重视和被尊重，他们才能感受到学校管理带来的温馨和以校为家的温暖，才能体会到学校管理者的爱心，才能去履行自己的义务，去认同和支持学校的管理工作。

（二）高校学生的知情权问题

大学生的权利是受法律的保护的，高校学生依法享有知情权。就像我们在日常生活中，对于与自己相关的事情总是想了解，别人的告知使我们感觉到被尊重。大学生的这种权利是法律给予的。

虽然我国的法律对于学生的权利做出了各种规定，并且《中华人民共和国教育法》和《中华人民共和国高等教育法》都有明确的法律条文，大学生对其在学校的上课方式、考核方式及成绩都有知情权，教育管理者或是教师也应该告知。换言之，高校做出的有关学生的任何管理和规定，包括教育活动中有关学生的部分，都应该告知学生，学生有知情权。

高校的管理者，像教师或是班主任等都要依据法律保障学生的知情权，学生有权利了解教学的时间表和考试的方式等。在班主任对大学生进行日常生活管理和思想教育时，大学生有权利知道活动的地点、方式和参加活动的理由等，班主任等高校管理人员应该提前或是在学生询问时给予实事求是的答复和解释，保障学生的知情权。不能对大学生说"不需要向你解释"等一类的话，这是不合理的，侵犯了大学生的知情权。高校管理者不能一味地利用学校权力或是管理者的权力来应付大学生或是侵犯学生的知情权，这都是不合法的。

只有保障了大学生的知情权，才能保障大学生的合法利益，才能实现高校管理的公开公平和公正，保障大学生的合法权益不受侵害。

第三节　高校学生管理存在问题的原因

一、社会因素

（一）社会变革加快与教育发展滞后

当前，我国社会正处于社会的转型期。简单地说，社会转型就是社会经济结构、文化形态、价值观念等发生深刻的变化。社会的转型并不是一蹴而就的事情，新旧时代的交融和激荡会在这个时期产生激烈的冲突，这一过程必然带来社会体制及其运行机制的深刻变化。

马克思主义认为，社会物质生产活动是人类最基本的社会活动，它是一切其他社会活动的基础和决定性因素，教育活动也概莫能外。教育不可能脱离社会物质生产的需要去发展。社会发展丰富了教育资源，改善了教育条件，发展了教育要求，应时代发展的需要，高等教育也必将进行深刻的改革来适应社会的变革，但是教育的发展变化又受到诸多因素的限制，教育的"时滞"效应决定了教育改革从开始实施到实施完成要经过一个渐进的过程，必然滞后于社会的飞速发展。因此，不可避免会出现社会物质生产的急剧变化与教育变革滞后之间的矛盾。

（二）社会群体价值观多元化的冲击

在高校学生管理工作实践中，我们习惯于运用思想教育、制度规约、榜样力量等建构高校学生的价值观，投射到学生管理中的都是积极的、正面的因素，这对学生价值观的形成起到了重要的作用，但这种方式在一定程度上忽视了真实的生活图景，割裂了校园环境与家庭生活环境、社会环境的联系，"人的本质是一切社会关系的总和""德性本身就来自社会生活规范。学生要学习和掌握社会生活规范，就必须参与社会生活。只有在生活中才能学会生活，只有真正反映生活、接触生活，才能真正认识生活"。

我国社会主义市场经济体制的建立、发展和完善，使社会各群体在利益关系上出现了多元化的取向，呈现出利益分配的多种形式。这一切都对人们的思维方式、价值取向、行为习惯、情感方式等产生了巨大影响和冲击，使个体思想活动的独立性、选择性、多变性和差异性日益增强。大学生正处于思维活跃、求知欲旺盛的阶段，他们好奇心强，易于接受新事物，但是他们辨别是非的能力尚不成熟，随着对社会接触的增多，社会群体的价值观念，特别是老师、家长的价值观对他们有着强烈的冲击。

（三）就业形势严峻给学生管理带来的冲击

随着高校毕业生就业制度改革的不断深入，以及毕业生就业市场体制的逐步确立，新型的就业制度在给众多的大学生提供了公平竞争和施展才华的机会的同时，也使大部分毕业生面临严峻的就业形势。

当前，高校扩招使毕业生供大于求的矛盾更加突出。一般高校毕业生尤其是专业与市场需求不对口的毕业生,就业率更低。面对人才市场上普遍存在着的"善待研究生,宽待本科生,虐待专科生"和"热门专业是靓女先嫁,冷门专业是丑女难嫁"的现象,一些学生不得不面对"毕业就意味着失业",在各种就业选择面前不知所措,出现了悲观、困惑、迷惘、焦虑、烦躁甚至恐惧的心理。

因此,当前流行高校本科学生留最后一年时间专门找工作,专科学校学生留最后半年时间专门找工作的做法。在学生找工作期间,教学质量根本无法保证。同时每个学生的实习情况也不一样,有的同学已找到基本稳定的工作,并在单位上班;有的同学还想继续向更高的学历层次进军;有的同学则还在为没有找到合适的工作而四处奔波,这样就造成了毕业生就好像一盘散沙,遍地哪里都有的现象,加大了学生管理工作的难度。

二、家庭因素

家长既要求学校严格管理,使学生学到更多的知识,又要求学校给学生拓展更多的个性空间,以提高学生的素质,培养学生的综合能力。由此可见,家长对学校学生管理的要求虽然与教育培养目标的要求大多成正相关,都希望被教育的主体能够成才。但是因家长的年龄、社会认识等多种因素的差异,对学校学生管理的要求也就未必完全科学合理。在学生管理方面家长和学校之所以会有分歧,主要是对高校的期望导致的。

首先,家长在相关角色上给大学进行定位以后,若学校没有达到心理上的满意度,自然会产生一种不信任感,必然对学校提出要求,以提高自己对学校的满意度,加强自己对学校的信任感。而家长能够要求和以外力促使学校接受和遵从的,并且最直接和行之有效的、表面上能给自己最高满意度的就是学生管理这一块。家长就要求学校能够严加管理,对其子女的学习目标、生活计划等定向调节。学校为了实现家长自我心理的满意度,必然采取封闭管理。这种信息反馈到家长,家长心理上认为学校的这种管理行为是他所满意的和期望的,这才逐步改变其对大学的相关角色的领会。

其次,"独生子女"的概念在家长心理中得到加强,这是家长对子女的相关理解。子女在家长身边的时候,家长关注更多的是子女的其他社会属性,当子女脱离了家长心里认可的呵护距离后,独生子女的概念在家长的心理意识中突显出来。也就是说,最低限度,远在千里之外的子女即使什么也没有学会,没有关系,但必须保证其子女的安全"存在"。可见,家长让子女到高校上学,所有能够接受教育的前提是，学校必须保证学生的安全。这种安全的系数越高，家长越易接受，那么学校自然而然地要实行封闭式的严格管理。

最后，学生从家庭进入大学，家长对子女的管理职能受到削弱。家长就自然而然地把这种职能转嫁给学校，希望学校对学生与家长对子女有一样的高期望值。这种高期望值如何实现呢？家长和学校不约而同地选择了学生管理。家长认为学校对学生进行了严格管理，从各个方面"管"住了学生，才是对学生负责，才是在认真行使从家长转嫁到学校的管理职能，否则，学校就没有完成家长所认为的对其子女的管理任务，也就是说学校没有达到与家长等价的期望值，家长就不会接受这所学校。学校受家长此种心态的左右，在学生管理上不得不权衡家长所要求的管理行为。

三、学校因素

（一）高校扩招，生源质量下降

高校的扩招对目前的学生管理工作模式提出了新的要求。随着高校招生规模的扩大，高校学生人数将持续快速增加。

与之前相比，目前的生源质量相对来说的确有所下降，而且新时期的大学生绝大部分是独生子女，而独生子女又具有许多特殊的心理特点，这些都使原有的高校学生管理工作模式无法适应新时期高等教育大众化发展的趋势。

（二）资金有限，办学经验不足

高校资金只能用于教学和发展，对文化、体育设施等只能是逐步建设，这就在无形中阻碍了高校的持续发展。在学生的管理教育中不能过多地追求"广告效应""泡沫成绩"，否则，将给高校自身带来长久的损害，留下无穷的后患。

比如，聘请的中高级管理人员，不能只图名不图实效。要真正使用和保留有真才实学、能安下心来真抓实干的人才，要注意从实践中不断总结经验教训，认真查找影响高校学生管理工作的症结。出了问题不能隐瞒情况不报，不了了之，甚至一错再错。高校的管理工作会议要尽可能多地现场解决一些实际问题，不能议而不决。

（三）人才流失，管理水平不高

高校普遍实行人员聘用制，激励作用更强，管理效率更高，但实际上，受资金限制、保障措施不配套等影响，人才流失严重，特别是具有丰富管理经验的中青年骨干人才流失的现象更为严重。靠事业留住人才、靠制度激励人才的机制还没有切实建立起来。

现有的学生管理人员中，在年龄结构上，以退休的老同志和青年为主，梯次结构严重不合理。老同志多年从事管理工作，经验丰富，德高望重，但由于身体原因，依靠经验管理的多，依靠创新思维管理的少。青年人多为刚刚毕业的大学生，年富力强，思想活跃，但经验不足，专业性不强，很大一部分年轻人只把当前的工作作为实现下一个目标的"跳板"，思想上不稳定，精神上患得患失，工作积极性不高。在职称结构上，只有少数老同志有职称。在学历结构上，以本科和专科学历为主，硕士以上学历人才严重缺乏。在专业结构上，相关学科的人才都有，但教育学方面的专业人才基本处于空白状态。

由此，高校学生管理人员的综合素质远远满足不了快速发展的教育的需要，且人才流失严重，致使学生管理工作水平还处于一个较低的层次，很难形成鲜明的管理特色和突出的亮点，特别是在高校学生管理工作研究方面更是亟待加强。

（四）教学管理制度改革扩大了学生的自主权

学分制、主辅修制、弹性学制等教学管理的新模式在高校的施行，是新时期高等教育"以人为本"思想的重要体现。这为学生提供了更多的学习自主权和选择权，有利于调动学生的积极性和主动性。

首先，转变了教育观念，促进了教学改革。学分制的实施，给了学生更多的自主权，特别是学生对专业、教师的选择，这就促使教学管理也要灵活多变，通过不断完善教学管理制度来适应学分制改革的需要；同时促使教师不得不重新审视自己的教学，多年不变的教学方法和教学内容将无法满足学生"选"的需求，必须转变观念不断更新自己的知识，这样才能适应学生的要求，提高教学质量；促进了专业建设和课程设置改革，市场因素决定着学生对专业课的选择，学生的"选"决定着学校要不断根据市场的变化调整专业和课程，这种良性循环使学校产生了良好的经济与社会效益。

其次，学生学习由被动变主动。传统教育的弊端在于学生成了知识的奴隶，个性受到限制，创造力难以发挥，绝大部分学生是有所学而无所用。教学管理制度的改革，使学生明确了学习目标，掌握了学习的主动权，学生不仅对学习感兴趣，而且能把学习作为一件充满乐趣的事情来做，学生个性得到了充分发挥。

但不容忽视的是，教学管理制度的改革也给传统的学生工作模式带来了新的挑战。

一是学生工作的载体发生了变化。新的教学管理制度客观上造成了大学生"同班不同学、同学不同班"的现象，原有的自然班级的概念逐渐淡化，传统的以班级为学生工作主要载体的模式也发生了变化。它要求在教学进度、课程设置、考务管理、成绩管理、教材管理、学籍管理等方面均做出相应的改变来适应，同时也加大了学生管理的难度。在传统的教学管理制度下，每个班都是在一起上课，管理起来非常方便，但在教学管理制度改革的学分制模式下，一个班的同学可能同一时间分散在不同的教室上不同的课。

二是学生工作的对象呈现出新特点。新的教学管理制度的实施为大学生提供了宽松的学习环境和较为广阔的展现自我的空间，学生的个体化倾向进一步增强，集体观念、团队精神有所削弱。随着高等教育大众化进程的加快，高校学生的生源质量不断下降，各种思想层次、知识水平的学生集聚校园，给学生管理工作带来了新问题，增强了工作的复杂性。显然，处于迅速发展中的高校对此没有充分的思想准备，也缺乏有效的应对措施。

（五）收费制改革影响了学生与学校的关系

长期以来，大学生作为受教育者，始终处于一种被管理的地位，学校与学生之间是一种管理者与被管理者的关系，教育被当作一种管理活动来看待。如今，随着高等教育的改革与发展，大学生不再只是受教育者，也成了一名消费者。这对传统的教育管理观念提出了挑战，既然教育是一种消费，教师与学生之间就不再是简单的教育者与受教育者的关系，而同时是一种合同关系，一种契约关系。在这种新型关系中，教师与学生是平等的，大学生对自身利益的保护意识、权益观念在增强，他们对教育质量的要求更高，对参与学校建设和管理的愿望更大。教师在教育教学过程中，要依法维护作为消费者的学生的合法权益。但目前，高校在日常教育教学和管理实践中，往往缺乏对师生关系的新认识，他们的传统思想观念和行为会自觉不自觉地对学生的基本权益造成侵害，认为作为学生就应该服从学校、老师的安排，而忽视了学生的主动性与创造性，大大阻碍了学生的自我管理能力的发展。

四、学生因素

当前高校存在的各种问题，不但是由客观环境、学校管理、教学等方面的原因引起的,作为管理工作的对象,学生自身的特点也是形成这些问题的重要原因。

大学生具备积极阳光的一面,总体来说,他们会密切关注国内外大事,关注涉及国家利益及民族尊严的各种事件,关注对国家和社会发展有重大影响的事件或政策,有强烈的爱国心,有自己的人生目标和奋斗方向,但同时,他们自身所存在的问题也给学生管理工作提出了各种要求。

(一)自我认同感缺乏

对于大学生来说,他们正处于一个特殊时期,不仅会面临社会新形势的挑战,而且还要面临自身发展的新要求。大学生处在一个心智尚未完全成熟的阶段,在心理、生活等方面的经验还存在不足,一得一失都有可能对大学生的心理健康和生活学习产生巨大影响。在大学这个小社会中,各种思想交错混杂,各种行为鱼龙混杂,再加上网络环境的影响,使得高校学生管理工作面临着多重挑战,学生的配合程度、思想认识以及价值观念等都会影响学生管理工作的开展。因此从人本管理理论的角度来看,这是没有将学生摆在正确的位置所导致的。另外,随着当前信息网络技术的发展,很多错误理念和舆论思想都会直接影响当代大学生的心理健康,各种价值观的直接影响很容易造成学生思想的混乱和认识上的模糊,再加上很多高校不能及时正确地进行引导,更不利于学生的成人成才。在当前高等教育教学工作的开展中,要把握学生的心理状态,及时关注学生,给予学生更多的肯定和认可,相反,过度的批评指责不仅解决不了问题,还容易影响学生的思想和心理。

(二)思想主流积极,理想信念淡薄

从总体上来看,大学生的思想主流比较积极和健康,他们具有比较明确的政治方向,能够主动关心国家的时事政治,有较好的道德修养,有一定的法纪观念,关心学校的发展。但同时,部分大学生存在消极的思想,没有明确的政治方向,在人生观、价值观和世界观上比较模糊,崇尚个人主义和利己主义。在社会主义市场经济改革和发展的浪潮下,这部分同学受西方自由化思想的影响较多,不能正确理解民主与集中、自由与纪律的辩证关系,盲目寻求自由,违反纪律的现象时有发生。有些学生对法律的严肃性认识不足,处事过程中不够理智;在价值取向的影响下,还有些学生比较注重个人利益,理想信念淡薄。

(三)缺乏吃苦耐劳与合作精神

虽然从全国每年的统计数据来看,高校的家庭困难学生都占有一定的比例,

但大部分学生在生活条件上相对而言还算可以。特别是独生子女居多，这部分学生明显缺乏艰苦生活的磨炼，缺乏劳动锻炼，缺乏吃苦的精神。在家中，安然享受父母和亲戚的宠爱，自我意识较强，听不得别人的批评；在学校里，崇尚自由，追求时尚，有较强的个性，不能正确接受别人的意见，不关心集体；在人际交往中，虽然与其他人有交往的意愿，但往往不想踏出第一步；在心理上经受不起挫折的打击，在团队中较容易表现出不愿意合作的倾向。

（四）自主管理与约束能力较差

苏联教育家苏霍姆林斯基说过："一个人能在精神上进行自我教育、自我认识、自我锻炼，善于要求自己、指导自己是非常重要的，这样的教育才是真正的教育。"在高校的学生管理中，管理者越来越重视对学生自我管理意识和能力的培养。大学生的自我管理，一般来说，是指大学生根据国家对高等教育人才培养目标的要求，以及在学校管理的有效引导下，结合社会进步对人才素质提出的要求，充分发挥个人主观能动性，对个人自我资源进行合理调配，通过一系列的计划、组织、协调、控制等手段，有效进行自我教育、自我管理、自我约束、自我监督、自我发展的活动。当前，在学生管理中存在的问题，从学生层面来说，与学生的自我管理、自我约束能力差是分不开的。

从学生自身来说，大学生处在青春期阶段，生理上的变化必然带来心理上的变化。这个时期的学生渴望自由，但又不理解自由的真正含义；希望摆脱家庭和父母的约束，却往往不能采取正确的方式；希望了解异性，却又不能正确把握友谊与爱情的区别；在学习和生活上，容易受他人的影响，从众与跟风的心理特别严重；对于学校纪律和规章制度中明令禁止的，不能做到较好的自我管理和自我约束；在自我品德的培养上，不重视对国家路线、方针、政策的学习，没有明确的世界观、人生观和价值观，在自省、自察、自律方面做得还不够，会出现如旷课、迟到、酗酒、打架等现象；在自我目标的设定上，部分学生还未能进行合理的自我设计和自我定位，抱着边走边看的心态，对自我目标没有较好的认识；在自我理财的管理上，缺乏合理的认识，存在攀比和虚荣心强的现象，对于学习、饮食、娱乐的费用不能合理地安排。

高校忽视了培养学生自我管理的能力是学生自我发展的需求，在学生管理中，对"松"与"严"的度把握得不好。管理过"松"，容易使学生无视制度的要求，容易自我放纵，不能实现高校的人才培养目标；管理过"严"，容易使学生产生逆反的心态，使规章制度失去原有的规范和引导意义，单纯成为对学生行为的束缚。学生管理方法的陈旧，使管理者不能根据学生的需要，不能随着学生情况的变化做出相应的调整，很多高校的学生管理还停留在"高级保姆"式的管理阶段，使得学生也成为这些"保姆"手中的"婴儿"。这种管理方法和模式容易限制学生积极性、创造性和自主性的发展，也使学生管理的质量和效率受到影响。

第四节　信息时代高校学生管理面临的机遇与挑战

一、高校学生管理面临的机遇

当今信息时代的到来，对学校的环境也造成了很大的冲击，直接影响着当代大学生的思想观念和行为习惯。各高校应从学生管理工作的实际中寻找适合大学生不断成长的有利因素。随着我国社会主义市场经济体制的不断完善和发展，大学生的思维模式和意识受到国内外环境、生活方式等多方面因素影响的同时，自身也发生着重大变化，比如大学生的价值观呈现出多元化趋势，实用主义倾向明显，无法正确地对待个人与社会、国家的利益关系，没有坚定的信念和远大的理想，缺乏社会责任意识，沉浸在虚拟世界当中……这些问题的存在无疑给高校学生管理工作带来了极大的困难。

（一）创新了高校人才培养模式

所谓人才培养模式是指高校根据国家人才培养目标和质量标准，为大学生设计的知识、能力和素质结构以及怎样实现这种结构的方式。传统的高校人才培养模式强调模式化、专业化和统一化，普遍适用的还是家庭、学校、社会三位一体的育人模式。在这个模式中，家庭、学校、社会各自发挥自己的育人功能，力求每一环节都做到最好，但是三方面缺乏信息的沟通和共享，不能及时了解每个学生的不同需求，不能因材施教、量体裁衣，不能真正实现学生的全面发展。而在当前全国信息化的大趋势下，信息社会中人类智能化的创造力得到普遍运用，这对人才思考问题的方式、经济活动方式、社会实践产生了巨大的影响。

高校培养人才必须与时俱进，符合社会的发展需要。大学生必须不断提升职业素养和能力素养，熟练地应用计算机，可以根据相关专业知识对信息进行进一步分析，果断进行思维判断、科学实践，从而从容适应现代化的信息社会。大学的人才培养必须投身于信息化的大潮中，让真正的高层次人才能够在激烈的市场竞争中脱颖而出，同时积极推进高校的信息化建设进程。

现在高校的信息化发展处于依托校园网络的阶段。传统的像产品制造一样的机械式人才培养模式早已跟不上时代的潮流，必将被信息社会所淘汰。我们应当抓住高校信息化建设的时机促进人才培养模式的转变。同时，我们应该以人才培养模式的转变进一步带动高校信息化的发展，真正做到人才培养和信息化建设两者相得益彰，协同发展。

另外，网络时代的到来也极大冲击着大学生的思想观念，改变着大学生的行为方式。调查发现，所有的大学生都会通过网络聊天工具进行交流，学校网站、微信、微博、QQ群等是学生经常使用的了解各类信息的主要途径，信息技术在极大地丰富大学生的生活，为其学习提供便利的同时，也给高校的学生管理工作带来了很多麻烦，增加了管理工作的复杂性和难度。

特别是在当前大学生心理问题频发的情况下，引发了很多严重的社会问题，极大地损害着大学生的身心健康，对我国高等教育的人才培养工作造成了极为不利的影响。由于网络时代各种类型的信息都可实现快速传播，这对当代大学生的人生观、价值观、世界观等的形成也造成了很大的冲击，一些不良信息对大学生的思想行为产生了很多的误导，导致一些学生对学习失去了兴趣，缺乏正确的动机，甚至沉迷于网络，脱离了现实社会，或适应社会的能力很差，增加了高校学生管理工作的难度与复杂程度。

（二）加强了高校师生间的沟通与反馈

首先，大学生作为具有较高文化水平的特殊群体，在网络时代无疑也是受影响较大的重要团体。如此庞大的参与群体给高校学生管理工作的开展提供了便利，也进一步加强了与学生的沟通和反馈。信息技术的发展和普及使得低沟通成本的信息化手段迅速在高校学生管理的各项工作中被抛弃，高效便捷的信息技术在被一大群大学生所追捧使用的同时也在较大程度上提升了高校学生管理者与学生之间的沟通效率。

目前，高校学生管理工作中使用的信息化手段很多，很多同学经常使用微信等其他信息化媒体。信息化手段能顺应目前的信息时代主题，能够突破时间和空间的限制，在一定程度上迎合了目前大学生群体的沟通习惯，并且可以实现与学生一对一的沟通，呈现出了方便、快捷、高效的特点，在学生工作中被大量应用。很多辅导员喜欢在日常管理工作中，使用QQ群、微信群发等方式加强跟学生之间的交流与沟通，信息化的手段给高校辅导员开展学生管理工作带来了很大的便捷。

其次，微博、微信等网络新媒体更具互动性、主动性，这是传统媒体无法比拟的，这种优势让它们成为一种全新的传播技术，也越来越受欢迎。特别是受到高校学生钟爱的微博、微信这些新媒体，如果能够利用它们来突破大学生思想政治教育工作的局限，使人与人之间的交流与沟通得以增强，那么大学生的思想政治教育的实效性定能大大提高。

（三）实现了高校学生管理工作科学数字化

社会信息化，是以互联网技术为代表的信息技术发展的一个必然结果。我们已经步入了信息化时代，社会信息化对于高校学生思想政治教育工作的影响是深远的。信息化让学生管理工作转向数字化。在以前，高校在统计学生基本信息时往往采用一个学生一张信息登记表的形式，以便于辅导员或其他老师了解学生的基本情况，而现在，在对部分高校老师调研时发现，学生的信息统计基本上都已经采取了数字化的存储方式。

同样，在高校数字化校园的建设中，由于要求每个新建设的系统都要与中心数据交换平台相兼容，要符合数字化校园的标准，因此往往新系统的业务数据都会被提交到中心数据库中。这样做实现了学校数据管理的标准化、集成化、权威化，并确保了数据的完整性、有序性、一致性和共享性，为业务系统和最终用户提供了便捷、高效、安全的数据存储，同时也推动和促进了职能部门的业务规范化和学生管理工作的科学化。

实行高校学生信息化管理，可以使学生管理工作的内容与流程更加科学化、制度化、规范化，避免繁重的人力劳动，将原来大量的重复工作简化，节约了人力，降低了工作量，提高了工作效率，拓展了学生管理人员的工作延伸空间。

信息化在高校的迅速普及大大方便了学生的学习生活，也大大提高了学校管理部门的工作效率。学校在进行校园管理的同时，更加注重便捷的服务。所谓数字化是指应用现代信息技术，将文本、声音、图像、动画等物理信息以一定数字格式录入、存储及传播，简单地说就是信息处理的计算机化。

数字化校园就是要在校园内建设一个以校园网为媒介，以信息化管理为重点，以信息化服务为支撑的便捷的校园管理系统。同时校园主干网络的建设覆盖整个学校的建设，连接所有的自助终端设备，实现校园网和区域主干网的对接，随时随地为校园里的教师和学生提供便捷的信息服务。

二、高校学生管理面临的挑战

（一）海量信息资源的挑战

铺天盖地的海量信息资源，是人们对大数据时代背景的突出认知。以互联网技术为代表的信息技术使信息资源的流动与传播速度不断加快，海量的信息资源也让人们感受到了眼花缭乱，其中良莠不齐的信息也对人们的辨别与选择能力提出了更高的要求。人们在享受海量信息资源所带来的好处的同时，容易忽视海量信息资源所带来的潜在问题，即信息集群的庞大给人们的辨别能力带来了极大的压力，真假信息资源混淆了人们的视听，因此人们需要辩证地看待海量信息资源的优劣。

当前，以手机、平板电脑为代表的移动智能终端在大众生活中的普及使人们获得信息资源的途径更加广阔，过去一些需要查阅资料询问老师的问题，通过互联网数据资源就能得到轻松解决，这无疑也加重了人们对于大数据信息资源的依赖。高校学生处在成长与发展的重要时期，对于信息资源难以正确辨别，如何让学生在大数据时代背景之下形成正确的三观，需要学校认真思考，学校也应当积极结合大数据时代元素，开展学生管理工作，更好地达到"对症下药、药到病除"的管理功效。

（二）学生思想防线受到冲击

互联网时代，大学生获取信息的渠道越来越广，看到的也越来越多，与此同时，他们的三观正在形成，对是非善恶的辨别还不够清晰，容易受到错误思想的影响和误导。互联网不仅具有开放性，同时也具有虚拟性，一些具有隐蔽性的错误观点会慢慢地腐蚀大学生的思想，例如享乐主义、实用主义、拜金主义等，这些对大学生的成长都极为不利，有些甚至会引导学生做出违规违法的事情。与此同时，一些国外不法分子会通过网络向大学生渗透西方价值观和思想，利用网络的隐蔽性进行欺骗。以上这些弊端都会对当今大学生的思想形成冲击，影响大学生的健康成长。

（三）网络普及的负面作用

以互联网为代表的信息技术的高速发展，使整个社会的生产、生活发生了全方位的新变化，对于大学生而言，网络可以获取信息、开阔眼界、活跃思维，可以极大地激发他们的创新意识和竞争意识。

然而，网络的虚拟性也给高校学生管理工作的有效开展带来了诸多不利影响。信息化的迅速发展，使互联网对大学生的学习、生活乃至思想观念产生了广泛和深刻的影响。网络正改变着大学生的生活方式、学习方式甚至是语言习惯。大学生最喜爱的文学是网络文学，业余生活首选上网，最有兴趣交往的是网友，越来越便捷的互联网已经与大学生的学习和生活密不可分。互联网在我国高校内的迅速普及，使高校内开始形成一种网络校园文化，使网络时代的学生管理工作面临着更多的不确定性，迫使高校学生管理工作改革向更深的层次发展。

信息化技术的发展和快速普及给传统学生管理带来了新的挑战。对学生管理工作而言，网络是一把双刃剑，一方面网络为高校学生管理工作提供了新的阵地和领域，为加强和改进高校学生管理工作带来了新的机遇。但另一方面，网络也给传统学生管理带来了极大的冲击，网络信息的快捷性、丰富性和开放性特点，使得学生从学校获取知识的权威性受到怀疑。

另外，网络的虚拟性、隐蔽性使得网络成为有害信息的滋生地和传播途径，特别是有人利用网络信息技术参与社会政治，一些虚假、不健康甚至反动的信息严重污染了学生思想教育的环境，使得大学生难以判别和抵御，有的学生上当受骗，还有的学生沉溺于网上的虚拟世界不能自拔。

（四）高校学生管理者的压力增大

在传统的教育工作中，更多的是一种从上到下的模式，主要就是学生管理者处在主体地位，对学生进行从上到下的管理，通过学生会、班会等形式加强对学生的引导。在互联网时代，高校学生管理者的工作方式、管理环境以及管理对象都发生了前所未有的变化，管理方式日益多样化，管理环境日益复杂，管理对象越发难以管理，这些都给高校学生管理者提出了巨大的挑战。

（五）学生管理环境发生了深刻变化

当今时代，大学生对学校、老师的要求越来越高，对高校学生管理机制的要求也不断提高。互联网时代高校学生管理工作一方面要适应现实环境的变化，另一方面也应该不断地优化自身，强化对环境的适应。

因此，作为高校学生管理工作者必须要认识到复杂环境的变化，必须要对学生进行正确的引导，防止学生受到西方错误思潮的影响和误导，对大学生的言行进行合理的引导。

第三章 高校学生管理工作的开展

学生管理工作是一项复杂的工作，也是一项持续性的工作，工作内容复杂多变，这就要求高校学生管理人员不断地学习提高，根据学生的特点开展有针对性的工作，注意发挥学生自我管理的作用。同时要求管理者要不断总结有效的管理方法，以切实提高高校学生管理工作的水平。本章分为高校学生组织管理与干部管理、高校学生制度与体制管理和高校学生自我管理与民主管理三部分，主要包括高校学生组织管理、高校学生干部管理、高校学生制度、高校学生体制管理、高校学生自我管理以及高校学生民主管理等内容。

第一节 高校学生组织管理与干部管理

一、高校学生组织管理

（一）高校学生组织的内涵

1. 高校学生组织的定义

顾明远主编的《教育大辞典》认为，当代中国，学生自治组织指的就是学生会。也有学者认为，学生组织从广义上指的就是学生的自治团体，也就是学生自我管理的组织。高校学生组织是指一定数量的高校学生为实现自我教育、自我管理、自我服务和自我监督，按照一定的规章制度组成的学生领导团体。主要包括学生党组织、学生团组织、学生会、研究生会、学生班级组织、学生社团和学生青年志愿者组织。

2. 高校学生组织的性质

不同的学生组织具有不同的性质。

第一，高校学生党组织和学生团组织是对学生中的共产党员、共青团员进行长期有效的教育和管理，对学生中的入党积极分子、预备党员进行考察培养的阵地，是高校培养青年马克思主义者的组织单位，属于政治性学生组织。

第二，高校学生会和研究生会倡导和组织学生开展"自我教育、自我管理、自我服务"，担当学校各部门联系学生（包括本科生和研究生）的桥梁及纽带，表达和维护学生的正当权益，开展健康有益、丰富多彩的校园文化活动，是协助高校营造良好的育人环境、参与学校各项建设的组织单位，属于群众性学生组织。

第三，高校学生班级组织是最基层的群众性学生组织，由固定人员组成，以教学为中心，是班级成员彼此发生广泛交往的微型社会群体。高校学生班级组织的构成因素包括班级组织目标、班级组织结构、班级组织规范三个部分。健全良好的班集体应具备的特征有：有共同的组织目标，学生都是为了增长自身的知识及技能而努力学习；有健全的组织机构，为学生间的沟通交流提供组织基础；班级形成了良好的氛围，学生愿意为实现班级目标而协调自己的行为；学生间形成了正确的集体舆论。

第四，高校学生社团以开展有益于学生身心健康的活动为主线，打破了年级、系科甚至学校的界限，以科技、文化、艺术、体育、公益事业等方面的志趣爱好为基础，是高等学校"学生自愿组成的群众组织"，属于志趣性学生组织。

第五，高校学生青年志愿者组织是热心为邻居、社区、社会提供非营利、无偿、非职业化的援助，志愿从事社会服务、社会公益与社会保障事业，对"奉献、友爱、互助、进步"精神有着较高追求，经常为他人、为社会提供服务和帮助的高校学生青年志愿者组成的社会团体，属于公益性学生组织。

3.高校学生组织的特点

美国高级管理学家詹姆斯·穆尼认为，组织是某一类人为了达到某种共同的目标而联合的形式。组织是人们为某一目的而形成的群体，是确保人们的社会活动正常进行、顺利达到预期目标的体系。尽管今天的组织灵活多变，经常变换形式，但是我们仍然能够根据其固有的本质来把握它的特点。

（1）组织是一个具体存在的实体

从实体角度来讲，我们为了实现组织的目标，必须要进行必要的分工与合作，没有必要的分工与合作的群体不能称其为组织。分工与合作能体现组织的有效性。分工可以提高效率，亚当·斯密很早就提出了劳动分工可以提高劳动生产率的观点。但是仅仅只是分工而没有合作，组织的既定目标不能实现，只有既有分工又有合作，才能实现组织的目标。同时，为了使分工以后各部门、各组织成员各司其职，就要赋予其必要的权力并明确其责任。因此，不同层次权力与责任体系是组织目标实现的保证。

（2）组织要有明确的目标

从本质上讲，任何组织都是为了实现特定的目标而存在的，其本身就是为了实现共同目标而采用的一种手段而已。为了共同的目标，一个个的个体走到了一起并产生了合作意愿，并在这种意愿的推动下产生协作的目的，只有这样，协作的意愿才能发展，组织才能继续存在下去。所以说，组织要不断向其成员传播其共同目标，激发大家为此努力的激情。

（3）组织有相应的结构和管理系统

作为一个客观存在的实体，组织就必然有许多构成要素，并按照一定的网络结构组合而成。同时，组织所面临的环境是瞬息万变的，所以组织要有一套成熟的管理系统，懂得如何弹性地调整组织的结构以适应变化的组织外环境。

（4）组织与外部环境相互作用

由于组织是一个实体，它不是存在于真空之中，而是存在于不同的环境之中，它只能在某种特定的环境中发挥其功能，并与其他的环境和组织相互影响、相互作用。

高校学生组织在不断发展成长的过程中，除了具备一般组织的特点外，还形成了自己的特征，包括灵活性、发展性、受控性、创新性、自主与非自主结合的特点。

（二）高校学生组织的模式重构

1. 把握角色特点，整合个性特征

团队绩效的潜在水平，很大程度上取决于成员个人给团队带来的人力资源。而个人的这种"资源"能否有效地转化为团队的"能源"，则首先取决于我们对个体人格特征、能力特长的了解度和这个人的特征与其所在团队中角色扮演的匹配度。因为人格和能力与工作性质的匹配，不但能提高个体的满意度和工作绩效，也会因此使团队表现出较高的水准。

因此，学生事务管理者作为团队建构的发动者，要想把自己管理责任区域内的学生组织真正建构为学生团队组织，首要的前提就是脚踏实地地采用科学的方法，如工作角色量表测试法、小组情景模拟法、自我陈述法等，逐一了解和研究各个学生组织中的每个学生的特点,并建立相应的个体特征档案,从而为组建团队做好准备。

可以预计,尽管学生身上所反映的时代群体特征在一个群体内部会比较相似,但源于不同的地域文化、不同的成长环境,每个组织内部的每个学生在个性特征上都是各不相同的。问题并不是这些客观存在的"不同",而是我们应当怎样去看待和把握这些"不同"。所以,学生事务管理者应当充分认识到:无论我们个人对学生的个性特征是否欣赏,但对团队来说,不存在哪种个性特征"最好",只有哪种个性特征与团队环境、与团队目标、与成员结构匹配得"更好"。我们所说的在把握学生特点的基础上整合学生的个性特征,并非简单地要约束它,更不是要改造它,而是要整合后使其与组织环境匹配得更好。

团队,恰是一个由不同个性特征相辅、不同特长功能互补的人构成的组织。因此,研究学生特点,尊重个体差异,促成良好的个性特征与团队任务相匹配,是建构团队的第一步。

2. 把握结构设计,突出灵活特征

在基于团队的结构中,整个组织是由执行组织各项任务的工作小组或团队组成的。因此,如何根据高校现有学生组织的状况和活动规律,在把握团队结构本质的前提下,做好团队的结构设计,体现灵活特征,就成为形成团队模式的中心环节,也是学生组织团队建构的第二步。

管理学研究表明,在一些大型组织中,团队结构是与通常的职能型结构相结合的。矩阵型结构是现代流行的组织结构设计方式。与之相比,另一种更为有效的组织结构设计方案是项目型结构,在这种结构下,团队成员持续地变换工作的项目小组,可以在一项任务完成后,直接带着他们的技巧、能力和经验参与到另一个项目小组中去。由于在此结构下,所有的工作活动都是以项目团队方式来开展的,项目团队的组建、解散与再建都依工作需要而定,没有了职能部门的划分和刻板的组织层级,有效避免了决策和采取行动的迟缓。而此时的管理者就成为帮助和服务项目团队、为确保团队取得功效而提供各种资源、消除各种组织壁垒的促进者、导师和教练。

3. 把握发展愿景,细化团队特征

各种实证研究表明,有效和成功的工作团队,都有一个被称为"愿景"的、为团队成员共同追求的目标。这个愿景,能够为团队成员指引发展方向、提供精神动力,使团队成员乐意为这个有意义的共同价值目标而贡献自己的力量。因此,推进各类学生组织中的学生个体建立个人愿景，并经过彼此交流与分享形成组织愿景，就成为学生事务管理者建构团队的第三步。

每一个进入大学的学生，在走进大学校门的初始阶段，对自己的发展都有着比较长远的规划和目标，也有着因此而产生的行为动力。只是这种愿景，并未得到学校的有机梳理和与外部环境的有机融合，从而渐渐地消融于学生的日常生活中，或迷失于现实的各种诱惑中。另外，在学生事务管理中，习惯于用外在的道德教化代替学生的自主规划，注重概念式的远大目标而淡化可行性的现实目标，只强调"培养什么人"的标准却忽视"怎样培养人"的路径，最终导致了组织的要求与学生需求的脱节，教育的目的并未有效地转化为学生的目标。

4. 把握标杆管理，体现激励特征

相对于团队的形成而言，团队的运行和维系难度更大。愿景设计过程比较容易激起学生的参与热情并有助于团队的凝聚，但在愿景共享和扩散的兴奋点过后，一旦运行过程的控制和管理出现迟滞，团队愿景也难以生根从而演变为空洞的宣言，团队质量也会下降。因此，把握标杆管理，体现激励特征，强化团队运行的过程监控，就成为团队建构的第四步。

标杆管理是现代西方发达国家企业管理活动中保持组织获得持续竞争优势最重要的管理方式之一，它与企业再造、战略联盟被西方管理学界并称为20世纪90年代的三大管理方法。显然，这种管理方法应用于学生组织、团队运行的过程，与学生在这个时期富有激情和朝气、不甘人后、敢于竞争和渴望超越的群体特点及个人特质是相吻合的，也与团队组织不断超越自我的本质相一致。它通过提供一种激励的目标，不断唤醒成员的危机意识，提升成员的责任情感，焕发成员的创新精神，从而使团队按照自己独特的愿景设计，以外在竞争目标的压力形成自己持续的赶超动力，进而保持自我更新的活力。

（三）高校学生组织的管理

1. 高校学生组织管理的定义

我国高校的学生组织管理作为高等学校教育活动的重要方面，已有很长一段历史，积累了很多宝贵的经验。但是，当前我国的高校学生组织管理不同程度地存在着"管理不适应症"，一定程度上制约了我国高校改革的步伐，不利于学生素质的提高和创新人才的培养。因此，在高校改革与发展的过程中，为了适应素质教育的要求,有必要研究高校学生组织管理的基本理论和管理模式,以便提高高校学生组织的管理水平。

高校学生组织是高校大学生自愿组合而成,开展自我教育、自我管理、自我服务、自我发展的群众性组织,是高校与学生之间的联系纽带,同时也是高校学生提升自身能力的良好舞台。由于高校学生组织管理与管理这两个概念的共性关系,结合高校学生组织的定义,高校学生组织管理指的是,高校学生组织在特定时空环境下,对特定高校学生组织所拥有的各种资源进行有效的组织、激励、领导和控制,以实现高校学生组织发展目标的过程。

2. 高校学生组织管理的原则

(1) 自主管理原则

学生组织的工作能否及时、有序、有效地进行,关键是能否调动学生的自主管理意识和积极性,提高其自主管理的能力。高校学生组织的指导教师要加强学生自主管理能力的培养,并为学生参与管理工作提供一定的条件和舞台。但是高校学生组织的成员都是学生,其社会经验不足,所以引导学生组织自主管理绝不意味着放手不管,而是应加强引导和监督,保证学生组织自我管理的水平和质量。高校管理者本身应做好服务工作,尽可能让学生放开手脚开展工作,帮助解决一些学生自己无法解决的问题。

(2) 平等管理原则

平等管理就是在学生组织管理中人人处于平等的地位。对待组织成员不能凡事只是单向地向下发指令,而应更多地倾听组织成员的意见。对于管理工作中出现的问题,组织成员之间应互相交流、协商解决,在对问题的理解上应达成一致。学生组织的制度架构必须合法合理、公正公平,使大多数学生有着均等的机会通过合理的渠道参与学生组织的管理,以提升自身的各种能力。

(3) 依法管理原则

尽管在学生组织的管理过程中应尽量为学生提供相对宽松的组织氛围,但是必须有一套切合实际的管理办法和管理制度,这样才能够使组织高效运作。制度是管理的基础保障,加强学生组织的管理,首先要建立和健全规章制度,做到有法可依,有章可循。在制定和实施学生组织管理规章制度时,要充分考虑国家法律以及上级主管部门有关政策的规定。高校学生组织的规章制度应给出一个合理的范围,保证学生组织的言行在法律的约束下不出格,不危害学校与社会利益。

（4）协调一致原则

企业讲究企业文化，学生组织更要建立和完善自己的组织文化。高校学生组织强调组织文化建设，有利于形成良好的组织气氛，增强组织内部的协调性，减少利益冲突和意见分歧所产生的摩擦，有利于打消学生对组织的疑虑，培养学生的组织意识和合作观念。

（5）相互竞争原则

高校学生组织的规模要能适应特定学校的学生管理。学生组织要按一定比例适度选拔学生组织成员，不能过多或过少，要在制度的保证下，形成能上能下、竞争上岗的组织氛围。从更大的范围选拔愿意加入组织的学生骨干，甚至经过二次、多次周期和程序选拔出真正有能力、品性好的人才进入学生组织的管理层，提升组织的整体实力。

3. 高校学生组织管理的职能

（1）计划职能

计划职能是指对学生组织未来的行动或活动、未来资源供给与使用的筹划，是一种降低学生组织在资源配置过程中的不确定性的手段，目的就是促使学生组织适应变化中的环境，在陌生环境中占据有利地位。计划是管理的首要职能，其中心任务是确定组织的目标和实现目标的具体方案。计划职能具有预先性、预测性、评价性、选择性、调整性等特点。计划工作主要包括研究学生组织活动的条件、编制行动计划等内容。

（2）组织职能

动态意义上的组织职能是指将学生组织的各种资源按照配比及程序要求有序地进行安置，这是其他一切管理活动的保证和依托。静态意义上的组织指学生为实现一定的目的按照一定的规则而组成的团体或者实体。狭义的组织职能是指根据学生组织的目标和职能，在细化分工的基础上设置有关领导部门和执行部门，并确定各部门的工作内容，制定组织的各项规范制度，以维系组织的存在和发展。组织职能具有合理性、有序性和规范性等特点。组织工作的主要内容有：①根据组织的规模和任务设计组织结构；②明确相应的职责、任务和权力；③建立健全各项规章制度等，保证工作顺利进行。

（3）领导职能

领导是一门艺术，贯穿于整个管理活动中。高校学生组织的领导者利用学生组织所赋予的权力和学生干部个人的人格魅力影响组织内成员的行为，通过沟通增强成员间的相互理解，统一思想和行为，激励每个组织成员自觉地为实现组织目标共同努力。领导职能的主要内容包括激励、沟通、协调、奖励、处罚、示范等。领导职能具有主导性、决断性、公正性、协调性、规范性等特点。

（4）控制职能

控制职能是指根据学生组织的既定目标通过信息反馈和绩效评估，对组织的活动进行监督、检查、纠正偏差的过程，使之朝着既定目标方向运作并实现预想的成果和业绩。控制分为前馈控制、现场控制、反馈控制三种。控制职能的发挥可以降低行为与既定要求和目标的差异性。计划是控制的标准，控制的实质就是使学生组织活动的开展符合拟定的目标和计划。

二、高校学生干部管理

（一）高校学生干部的内涵

高校学生干部是指在高校的一切组织机构中承担工作任务的学生。主要包括党组织干部、团干部、学生会干部、班级干部以及社团干部等，这五个团体在高校学生工作中扮演着十分重要的角色。他们是学生中的骨干分子，是学校思想教育和管理工作的重要依靠力量，是学校党团组织、学校政工人员和教师同学沟通的桥梁和联系的纽带。

中共中央、国务院在《关于进一步加强和改进大学生思想道德建设的意见》中明确指出：高校的学生干部是"思想政治教育工作队伍中的重要组成部分"。

作为高校学生干部，虽然与企事业单位中的领导干部有很大区别，但仍然具有一般领导干部的基本属性。换言之，高校学生干部就是利用自己的影响力去充分调动同学们的积极性和创造性，从而带领和引导广大同学实现培养高素质人才这一根本目标的人。他们承担着服务学校、服务师生的重要使命。因此，可以说，高校学生干部工作的基本性质就是服务：为同学成才服务，为学校发展服务。

正是从这个意义上讲，高校学生干部工作就是高校学生干部在一定职责、权限范围之内，通过采用一定的组织形式和方法，影响、带领和协调广大同学为实现学校育人目标而进行的社会活动。

（二）高校学生干部的工作

1. 社团管理

学生社团是由在校就读并有正式学籍的高校学生自愿组成的团体。社团中的成员拥有共同的意愿,有自身的章程并按其开展活动。社团中的成员因为有相同或相近的兴趣、爱好、志向等自愿聚集在一起,属于非行政性的团体。如今的大学校园是学生展示自我、锻炼能力、增长才艺的舞台。同时,学生社团也是对大学生进行思想教育的平台,是促进学生成才的重要阵地。学生社团组织创造了良好的校园氛围,丰富了大学生活,有利于优秀人才的培养。

按照主办方来划分,高校中的学生社团可以分为校级和院级两大类。校级社团由高校党政办公室、高校团委等校级领导部门负责指导并开展工作,院级社团是隶属于学院团委、学生会的组织机构,或者由学院的学工部负责。

根据活动内容,高校社团可以划分为五类:理论实践类、人文艺术类、公益类、体育类、科技类。

学生社团的成立必须具备以下条件:一是社团成立的目的要明确,要有利于大学生的身心健康发展;二是有一定的群众基础,具有不少于20名会员的潜在规模;三是有专门人员负责组织联络,办理团体的各种手续;四是有关于会员、资金、物品的管理办法及相应的各项规章制度等。

此外,学生社团的注册及成立应该向学校的上级主管部门(如院校团委等)进行书面申请,申请的内容包括团体名称、成立目的、章程、主要负责人、组织架构以及管理办法等。高校社团的组织架构一般需要设置一名主要负责人,如戏剧社社长、武术队队长等;次要负责人数名,如副队长、副团长等。各社团需根据自身需要设置不同的部门,如秘书部、宣传部等,各部门应设置一名部长及若干名副部长,其领导力量由部长和部长级以上的人员组成。同时,各部门根据自身的需要招募干事、部员若干名,干事、部员负责具体参与并直接执行各项活动,是团体的主要构成部分。

学生社团的学生干部在高校的学生工作中起着十分重要的作用,他们在校风学风建设、校园文化建设等方面都做出了相当大的贡献,是进行大学生思想政治教育的主要力量之一。因此,引导学生社团、学生干部进行正确的角色定位是学生工作中极为重要的一环。

2. 校园管理

学校是学生共同生活学习的家园。学生参与校园管理能够树立学生的主人翁意识,发挥学生的主观能动性,增强学生参与活动的积极性,帮助学生增强实践能力,提高个人素质,同时,也能够借助学生的力量和智慧更好地实现学校的建设和管理。

学生干部参与校园管理时，发挥的是学校管理部门与学生之间的桥梁作用。学生干部充分发挥其桥梁作用，可以更加真实地反映学生的意见和建议，同时，学生干部将学校的各项政策及时传达给学生，按照学校要求组织各项活动，能协助学校更好地进行管理。

在学生干部参与校园管理的过程中，其主要工作任务有五个方面：一是熟悉和执行学校各项管理规定，只有了解学校的各项规章制度，如宿舍管理制度、奖惩管理制度等，才能按照相关规定，公平公正、公开地做好学生管理工作，更好地为学生提供服务，同时更高效地完成学校交付的任务；二是对学校的管理和建设问题要积极献言献策，根据自身对学生群体的了解，并结合学校现实情况提出有利于学校发展和学生成才的方案和意见；三是在学生管理过程中遇到问题要沉着冷静，同时，要及时将相关情况上报，尽全力防止问题扩大化，减小事件的负面影响；四是主动了解学生需求，学生干部要深入到学生中去，做到"从学生中来，到学生中去"，真实向学校及教师反映学生的诉求、意见以及建议，号召学生积极为学校建设和管理建言献策，敢于发现工作中存在的问题，勇于提出意见和建议，并寻找解决问题的方法；五是在学生中起到良好的模范带头作用，积极主动参与学校组织的各项活动，严格遵守学校的各项规章制度，积极响应学校的号召，当个别学生出现抵触情绪时，要从学生和学校的角度出发，做好思想教育工作，促进相关工作的顺利开展。

例如，可以设立辅导员助理岗位，并选拔优秀的学生干部担任此职务。辅导员助理一方面可以协助辅导员处理日常事务，另一方面，辅导员助理可以凭借自己的学生身份为辅导员提供有益于学生发展的建议，将学生的真实情况反映给辅导员，同时，对于一些事情的处理，在保障学生和学校利益的前提下可以给予其一定的处理权限。这样既弥补了辅导员由于精力和时间有限无法充分融入和了解学生群体的缺陷，又锻炼了辅导员助理自身的能力。

3. 自我管理

自我管理就是个体对自身思想、行为、心理等各方面进行的管理。在高校中，学生干部要在学习和生活中兼顾学生工作，要想合理地兼顾和协调各方面就需要学生干部做好自我管理。主要表现为个人学业以及学生工作上的规划与时间分配和个人职业生涯管理规划。学生干部需要处理好学习和工作的关系，兼顾自身发展与集体利益，在个人有限的时间里进行思考和规划，高效地完成个人及集体的各项事务。

（1）个人学业以及学生工作的规划

学生干部是学生中的管理者和服务者，但他们的首要身份是学生，学习是其主要任务之一。从这个角度来看，学业以及学生工作两方面表现都优秀的学生干部才算是优秀的。因而，作为学生干部，应当做好时间管理，合理地协调工作和学习，做到学业扎实，工作优异。

（2）个人职业生涯的规划

根据中国职业规划师协会的定义：大学生职业生涯规划是指学生在大学期间进行系统的职业生涯规划的过程。它包括大学期间的学习规划、职业规划。职业生涯规划的有无直接影响到学生大学期间学习生活质量的好坏，更直接影响到他们求职就业甚至是未来职业生涯的成败。从狭义职业生涯规划的角度来看，此阶段主要是职业的准备期，主要目的是为未来的就业和事业发展做准备。客观而言，系统的学习和实践至关重要，而能够担此教育重任的人应该具备丰富的职场经验并接受过系统的职业生涯辅导训练。

（三）高校学生干部的选拔

高校的学生干部主要包括党支部干部、团干部、学生会干部（研究生会干部）、班级干部、社团干部和青年志愿者团干部等，这六个群体在高校学生工作中扮演着非常重要的角色，他们是加强和改进大学生思想政治教育的重要依靠力量。要做好学生工作，重要的一点就是要做好学生干部的选拔、培养和使用。

1. 选拔与任用的原则

（1）广泛调动与细致考核相结合的原则

高校学生干部都是学生中的骨干，要选拔出真正符合要求和同学信赖的学生干部，必须坚持广泛调动与细致考核相结合的原则。高校学生干部在选拔之前必须通过会议、通知、网络等多种形式广泛宣传，调动学生的积极性，引导学生正确认识学生干部的选拔与任用，最大限度地引起学生的关注。学生的关注度和参与度越高，可选择的范围就越广，选拔的学生干部质量也就越高。

高校在广泛宣传、调动学生积极性的同时，必须坚持细致考核的方法。关注、参与的学生越多，意味着考核工作量越大，但不能因此降低要求，必须一丝不苟地进行全面、细致的考核。通过查阅档案、日常观察、民主调查、直接对话等多种方式和途径，详细了解学生的各方面情况，全面掌握学生的参与动机以及对学生干部工作的认识与思考，为后续择优录取打下坚实基础。

（2）任人唯贤与不拘一格相结合的原则

在高校学生干部的选拔与任用中，必须既要遵循传统、任人唯贤，又要敢于创新，不拘一格，只有这样才能不断适应新的形势和挑战。高校学生干部在思想政治教育工作中发挥着重要作用，他们的才能水平直接影响着学校思想政治教育工作的水平和效果，因此，必须坚持任人唯贤，唯才是举。

高校学生干部的选拔与任用在遵循传统、任人唯贤的前提下，还要结合当前的形势和要求，敢于创新、不拘一格。第一，选拔时要打破常规，创新方式方法，消除不合时宜的条件限制，让具有真才实学的人脱颖而出；第二，任用时要大胆安排，在差异互补中寻求共赢。随着学生工作的复杂化和精细化发展，对学生干部的任用要有大局观念和长远眼光，必要时需顶住压力，力排众议，大胆安排，让学生干部的潜质得到发挥，让能干事、会干事的人才有展示的舞台，在学生干部的差异化发展和互补合作中实现共赢。

（3）科学把关与持续发展相结合的原则

科学把关，一是要坚持公平、公正、公开，绝不能徇私舞弊，只有这样才能真正选出符合学生干部要求、同学信服、组织需要的学生干部；二是要坚持民主集中制，坚持民主基础上的集中和集中指导下的民主，二者缺一不可。学生干部来源于学生，又服务于学生，必须给予广大学生自主推荐、参与、选举的权利，倾听广大学生的心声，只有同学们认可的学生干部才能服众，才能真正发挥出学生干部的重要作用。"集中"则是在广大的学生中研究"异中求同"和"同中求异"的辩证关系，"一千个读者就有一千个哈姆雷特"，一个人不可能让所有人都满意，学生干部的选拔与任用也是如此。这就要求高校在尊重广大学生的意见和建议的基础上，做好集中，敢于和善于在差异化需求中找出学生意愿中的最大公约数。

持续发展，一是要坚持动态调整，有预案。在保持相对稳定的前提下必须根据实际情况及时对学生干部任用做出相应调整。学生干部在实际履职的过程中，可能会出现各种各样的情况，如学生干部不能很好地胜任工作、自身学习或生活出现问题、个人意愿出现变化等，这都需要对学生干部进行不间断的关注，实时了解他们的状态，以便采取合适的方式做出最佳调整。二是要坚持培养和规划。对学生干部不能只要求他们自我成长，必须加强对他们的科学规划与长期培养，针对不同岗位、不同阶段的特点，进行有针对性的教育培训，使其能力不断提升，不断适应工作中的各种更新更高的要求，确保学生干部队伍的有序衔接和持续发展。

(4) 以人为本与人职匹配相结合的原则

以人为本是我国传统的文化思想,也是马克思主义理论的经典思想,就是要充分尊重和关怀人的价值,把人放在应有的主体位置,以实现人的全面发展为目标。学生干部选拔与任用必须坚持以人为本的原则,一是突出主体地位,促进全面发展。高校要根据个体的自身意愿和实际能力,选出各方面表现优异的人,不断加以指导、培养,充分挖掘他们自身的潜能,促进他们全面发展。二是给予充分信任和尊重。在安排工作时,教育管理者要学会放权,除必要的指导外,不进行过多的干预,给学生干部自由发挥的空间,激发他们的积极性、主动性和创新性。尤其在学生干部出现错误的时候,要注意教育的方式方法,尊重他们的人格和付出。

人职匹配是指承认个体性质的差异,根据不同的个体特征和职位需求,进行恰当的匹配。就是说不一定要求能力全面,但应与某岗位的能力需要相匹配。学生干部有不同的岗位,从范围上讲有校级、院(系)级、年级、班级等,从性质上讲有团委、学生会、社团等,从职务上讲种类更是繁多,不同的岗位对学生干部的要求各异。高校需要在坚持以人为本的基础上,注重人职匹配原则。一是要充分了解学生个体的能力、兴趣性格、特质等,做到知人善任;二是要明确不同学生干部岗位的职责及胜任力需求,做到职责明晰;三是要做好两者之间的匹配,帮助学生树立正确的职位观念,科学地做出最合适的任用决定。

(5) 整体优化与注重实绩相结合的原则

整体优化原则,一是结构优化。学生干部选拔与任用,应根据实际情况,充分考虑性别、年级、专业、民族等各方面的结构组成,防止比例失调,进而确保学生干部队伍的统一协调。二是环境优化。学生干部选拔与任用,势必会有竞争考核。竞争考核有助于学生干部候选人产生一种积极向上的动力。但与此同时,必须注意竞争环境的公平,引导良性发展,避免恶性竞争。三是关系优化。学生干部队伍是一个整体,需要相互关心、相互帮助,齐心协力、携手工作。和谐融洽的人际关系让人精神饱满、心情舒畅,能够释放最强有力的工作能量,对于缺乏团队合作精神的学生干部应当重新加以考量。

学生干部选拔与任用,不能忽视个体实绩的考核,要注重考虑其实际表现和工作业绩。一是不能为了优化整体而忽视了个别实绩突出的人,或选拔任用了实绩平平、远不如他人的人,在整体优化与个体实绩出现矛盾时,应注重实绩;二是对学生干部的选拔与任用,一定要看他日常工作中的实际表现和服务同学的情况,不能只是由其在整体中的人缘、票选情况、资历等因素决定,只有这样才能充分调动学生干部的积极性与主动性,形成团结和谐、真正干事的良好风气。

2. 选拔与任用的标准

（1）较高的思想政治素质

思想政治素质是当代高校学生干部的核心素质，是高校学生干部综合素质的决定因素。在高校学生干部选拔与任用中，把政治上是否要求进步、有无崇高的理想、是否愿意为同学服务、有无奉献意识等方面作为考核的首要因素，重点选拔思想政治过硬的大学生担任学生干部。

毛泽东同志曾指出："没有正确的政治观点，就等于没有灵魂。"当代大学生肩负着为实现中华民族伟大复兴而努力奋斗的历史使命，高校学生干部更应该在学习、工作和生活中严格要求自己，在服务同学、为学校发展贡献力量的过程中，坚持以马克思列宁主义、毛泽东思想、邓小平理论、"三个代表"重要思想和科学发展观为指导，深入学习党的十八届三中、四中全会精神和习近平总书记系列重要讲话精神，坚持党的领导，全面贯彻党的教育方针，不断提高自身的思想政治素质、政策理论水平，在实践中坚定自身的政治立场，明确政治方向，树立鲜明的政治观点。同时，高校学生干部还应该自觉认识学生工作的重要意义，积极发挥模范带头作用，带领广大同学认真学习党的方针政策，及时关注国家大事，懂得明辨是非，明确责任重托，提升政治素质。

（2）高尚的思想道德品质

圣人对人才的评价与判定，都将"德"视为重要标准。高校学生干部的选拔与任用，更应该坚持"德才兼备，以德为先"的标准，重点考查德行、品性。党的十八大报告指出："坚持教育为社会主义现代化服务的根本任务，培养德智体美劳全面发展的社会主义建设者和接班人。"学生干部应当深刻理解高校立德树人的根本任务，重修身养德，重以德养才，从中华民族的传统文化中汲取养分，以理服人、以文化人、以德行事，深入践行社会主义核心价值观，弘扬真善美，传播正能量。

（3）全面的"四商"体系

高校学生的"四商"体系是指智商、情商、体商及技商在内的四个方面素质能力的集合，体现了一个大学生综合素养和能力水平的高低。高校学生干部的选拔与任用，可从"四商"体系入手，从四个不同的方面进行考查。

第一，良好的智商。

智商是表示人的智力高低的数量指标，也可以表现为一个人对知识的掌握程度，能够反映人的观察力、记忆力、想象力、创造力、分析判断能力、思维能力、应变能力、推理能力等。对高校学生干部的选拔与任用,智商因素应注重考查学习能力与知识储备两个方面。学生干部终归是学生,学生的天职就是学习。作为一名合格的学生干部,学习成绩优秀是重要因素。只有那些勤奋好学、成绩优秀的学生干部,在学生中才会有威信,才会有号召力和感染力。同样,对一名学生干部而言,为了工作的进一步开展,必须具备较强的学习能力。只有这样才能准确把握学习重点,勇于克服学习难点,尽快适应岗位环境并掌握岗位工作的要点,在学习中提升工作能力,在工作中锻炼学习能力。

第二,优良的情商。

①优良的认知。认知应当从对自我的认知和对他人的认知两个方面入手,自我认知是个体对自身情绪时时刻刻变化的感知,能够察觉某种情绪的出现,观察和审视自己内心世界的体验,它是情绪智商的核心;而对他人的认知是能够通过细微的社会信号获得的。对学生干部而言,无论是自我认知还是对他人的认知,都是顺利开展工作的前提条件,良好的认知能够帮助学生干部明确自身定位,发挥优势,懂得在工作中欣赏他人,较好地进行团队协作,发挥团队力量以完成集体目标。

②优良的自我控制。一方面指能够调控自己的情绪,使之适时适度地表现出来;另一方面也指能够依据活动的某种目标,调动指挥情绪的能力,使人走出低潮。高校学生干部在工作中难免遇到困难和挫折,在不利于事情发展的状态中能够理智地控制自己的情绪,分析态势,并善于在困境中激励自己,以感染和带动集体,这就是良好的自我控制的表现。

③优良的心理健康状况。心理素质,就是个人在个性心理等方面所具有的基本特性和品质,主要包括认识素质、情感素质、意识素质、意志素质、兴趣素质、动机素质、性格素质、创造性心理素质等。对高校学生干部而言,良好的心理素质能体现出学生干部个人的修养。能够在工作中明确自身定位,找准自身优势和短板,较好地掌握自己的情绪,以更加阳光和乐观的心态面对工作,能够承受外部压力等,这些都是在选拔与任用学生干部时需要考量的重要心理因素。

第三,过硬的体商。

体商是个体对自身真实健康情况自我认识的反映,它是指一个人活动、运动、体力劳动的能力和质量的量化标准,即能反映出个体的身体素质。较好的身体素质是生活、学习和工作的前提和保证。没有健康的体魄,就没有充沛的体力和精力去解决工作中出现的问题,就不能够完成职责所赋予的任务。学生工作同样如此,良好的身体素质是学生干部必须具备的基本素质。共青团中央也于2014年号召广大高校学生积极组织开展"走下网络、走出宿舍、走向操场"主题群众性课外健身活动,倡导开展课外体育锻炼,旨在帮助高校学生形成健康的体魄。因此,高校学生干部的选拔与任用,对身体素质的考查,一方面是了解该对象是否具备能够胜任职位的基本身体素质;另一方面是了解该对象是否有良好的生活习惯,是否具有团队协作精神及拼搏奋进的运动精神。

第四,扎实的技商。

技商是从事活动必须具备的并且直接与活动效率有关的能力的水平或标准,它是胜任工作、履行责任的主观条件。学生干部的选拔与任用,就技商的主体而言,不同学生干部岗位的要求也不一样,如社团主席和同级别学生干部,更偏重于科学决策能力;社团部长及同级别学生干部则要求具备较强的沟通协调能力;而社团干事及同级别学生干部则更注重执行能力和操作能力。选拔与任用学生干部工作的开展,还需要权衡学生干部职位对技商的需要和要求。

第二节 高校学生制度与体制管理

一、高校学生制度

(一)高校学生制度的变迁

1. 探索期:改革开放前

改革开放前,高校学生管理制度属于构建的"探索期"。总体上,这一时期的高等教育办学体制与计划经济相适应,高等教育学生管理工作受政治因素影响较大,高校人才培养呈现出典型的组织人特性。一方面,学生学习的物质条件得到了国家无偿保障;另一方面,学生也失去了专业选择和就业选择的自由。可以说,改革开放前的高校学生管理制度,伴随高等教育社会主义办学方向不断探索的道路前进,教育的上层建筑观一直影响着高校学生管理工作的开展。因此,这一时期的高等学校学生管理工作整体处于摸索实践的过程之中,高校学生管理工作并没有形成体系化的制度。

2. 形成期:改革开放后至20世纪末

改革开放促使我国社会主义建设和发展取得了辉煌的成就,改革开放后至

20世纪末是我国教育系统大发展的时期，是高校学生管理大变革的时期。这个时期是高等教育的复兴时期，教育部门逐渐纠正了片面强调政治挂帅的一系列错误做法，高校学生管理通过制度建设，坚持以德育为主，强调以人为本的理念，从学生的实际出发，全面深化改革，为我国高校学生管理工作开创了新的局面，中国特色社会主义性质的高校学生管理制度初步形成。

这一时期可以分为三个阶段。改革开放后至1985年为第一阶段，高等教育发展的主要目标是加速高等教育发展，进行高等教育结构改革。1983年4月28日颁布了《关于加速发展高等教育的报告》，在强调扩大规模的同时，国家还相继颁发了一些有关改善高等教育结构及广开学路的重要文件。1985年后至20世纪90年代初为第二阶段，主要目标是稳定办学规模和层次，以教育体制改革为核心，全面深化高教管理体制改革。通过颁布一系列的方针政策促进高等教育的发展，如《中共中央关于教育体制改革的决定》《高等教育管理职责暂行规定》。20世纪90年代可以列为第三阶段，国家教委召开了第四次全国普通高等教育工作会议，提出了高等教育改革的基本设想。1993年，中共中央、国务院发布了《中国教育改革和发展纲要》。从此，中国高等教育的发展脱离了"条、块"自成体系的高教管理体制，遵循适应社会主义市场经济体制的要求，高校学生管理开始了新的一轮改革。

3. 法治化：进入21世纪以来

（1）学生行为准则与权利、义务

2005年教育部发布《高等学校学生行为准则》，规定了学生行为的标准。学生的权利与义务在教育部2005年重新制定的《普通高等学校学生管理规定》中得以专门提出，就学生拥有的六项权利与应当履行的六项义务做出了规定，《高等学校学生行为准则》中也专门提到了学生的权利与义务这一内容。

（2）学生安全与住宿管理

2002年6月教育部发布了《学生伤害事故处理办法》，就学生伤害事故与责任、事故处理程序、事故损害的赔偿、事故责任者的处理等内容做了规定。2004年，教育部颁布了《关于切实加强高校学生住宿管理的通知》，对学生宿舍的领导、党建与政治思想工作、管理规章制度、宿舍安保、校外住宿等五个方面的内容做了规定。教育部办公厅又接着出台了《关于进一步加强高校学生住宿管理的通知》《关于进一步做好高校学生住宿管理的通知》与《关于开展高校学生住宿管理情况自查工作的通知》。

（3）电子注册制度

从2000年起，教育部决定在高等教育领域实行学历证书电子注册制度，并在2001年2月颁布了《高等教育学历证书电子注册管理暂行规定》。至此，我国高校开始实行高等教育学历证书电子注册制度，此后，我国对这一制度不断加以完善。

（二）高校学生制度的意义

我国高校的规章制度是党的优良传统和社会主义道德观念、行为观念、行为规范（即国家法规）、是非标准等在高校学生日常工作、学习和生活等方面的具体体现。它是全体学生必须遵守的行为准则；是培养向党的纪律性，培养共产主义道德品质和形成良好校风的重要手段；是实行科学管理，办好社会主义大学的重要保证。所以建立高校学生思想政治教育和管理制度，对办好社会主义大学具有以下几点意义。

1. 有助于充分发挥学生的积极性

大学肩负着培养社会主义事业的建设者和接班人的历史重任。为了完成这一光荣使命，高校就必须建立起符合大学教育工作客观规律、符合现代管理原理、充分体现党的优良传统和社会主义道德观念及行为规范的系统的高校学生思想政治教育和管理制度。这样，才能把全校学生的积极性发挥出来，形成一种远比个人力量总和大很多的集体力量，办好社会主义大学。

2. 有助于建立正常的学习、工作和生活秩序

现在的大学，少则上千人，多则上万人，而且是一个多层次、多学科、多系统、多结构的复杂的综合体。高校学生工作专职人员要想把每个成员的智慧和力量最优化地组合起来，就必须在加强政治思想工作的基础上，建立起一整套的规章制度，使学生有规可循、有矩可蹈，做到学习、工作和生活井然有序。

3. 有助于培养学生高尚的道德品质，形成良好的学风

社会主义的精神文明，是社会主义的重要特征，是社会主义制度优越性的重要表现。建设科学的、与时俱进的高校学生管理制度，对培养学生高尚的道德品质和良好的学习、工作及生活习惯，无疑是意义重大的。

（三）高校学生制度的基本要求

建立高校学生思想政治教育和管理制度必须符合以下几点要求。

1. 政策性

政策性是指高校学生思想政治教育和管理制度必须同党的路线、方针、政策和体现党的路线、方针、政策的法律、法令、条例、决议、指示、规章、规程，尤其是党和国家的教育方针保持高度一致，而不能有丝毫的背离。

党的路线、方针、政策和国家的法律、法令、条例、决议、指示、规章、规程等，是一个国家总的行为规范，是制定高校学生思想政治教育和管理制度的依据。高校学生思想政治教育和管理制度则是党的路线、方针、政策和国家法律在高校学生日常学习、工作和生活诸方面的具体化，局部必须服从全局，否则就会迷失方向。

2. 整体性

整体性是指按照现代管理学观点，国家是一个系统，教育属于国家的子系统，学校是隶属于教育的子系统，学校各部门是隶属于学校的子系统。系统是有组织、有层次的，各组成部分都是为了一个共同目标而形成的一个有机整体。高校学生工作专职人员必须树立全局观点，正确处理局部与全局的关系，正确处理学生的学习和课外活动的关系，正确处理团组织与学生会工作之间的关系等。在处理各种关系时，必须使整个系统处于协调状态，这样才能发挥整体的最佳功能，达到教育管理的最佳效果。

3. 科学性

高校学生管理制度必须符合高等教育的客观规律。任何领域都有其自身的规律，高校学生思想政治教育和管理也不例外，诸如管理必须与学生的年龄相适应的规律，思想政治教育中知、情、意、行活动过程的规律等。同时，还要善于借鉴现代科学管理理论，不断总结经验，把行之有效的传统管理经验与现代管理理论有机地结合起来，只有这样，才能不断提高科学管理水平。

4. 民主性

民主性是指高校学生思想政治教育和管理制度必须符合广大学生的根本利益，并获得广大学生的积极拥护和支持。我国是社会主义国家，人民是国家和社会的主人，党和国家的一切政策、法令都是以符合广大人民群众的根本利益，获得广大人民群众的积极拥护和支持为最高标准的。一切损害人民群众根本利益的政策、法令或行为，必将遭到人民群众的坚决抵制和反对，失去立足点。

学生是管理的对象，又是管理的主体，在制定学校的规章制度时，必须从学生中来，到学生中去，广泛听取学生意见，做到集思广益，紧紧依靠广大学生把教育和管理工作做好。

5. 教育性

教育性是指高校学生思想政治教育和管理制度必须对学生起到教育作用，即能培养学生严谨务实、开拓进取的工作作风。这样，同学们既有章可循，又有进取的目标，能充分发挥规章制度本身的教育和激励作用。但是，必须指出的是，在规章制度制定和实施过程中，必须坚持政治思想工作领先的原则，把启迪、疏导作为一条主线贯穿规章制度实施的全过程中，这样，规章制度的教育性才能充分显示出来。

6. 严肃性

严肃性是指高校学生思想政治教育和管理制度必须做到令行禁止、奖罚分明，对任何人都一视同仁，使学生的行为得到规范。在建立高校学生思想政治教育和管理制度时，凡应规范的都要规范，各级学生组织和个人必须严格执行。在执行过程中，要严格按制度办，不能时宽时严，时紧时松，坚决维护其严肃性。此外，要注意凡属将来才能规范的或者要创造条件才能规范的，就一定要留待将来或条件具备的时候再规范。只有这样，才能使制度有相对的持续性。

7. 可操作性

可操作性是指高校学生思想政治教育和管理制度应尽可能做到量化，制定出符合教育、管理实际的科学指标，并用分值表现出来。这样，不仅能使全体同学在实施的过程中做到心中有数，自觉约束自己，在检查处理时也能避免主观随意性。

上述基本要求，既有各自的独立性，又相互紧密地联系在一起。只有严格遵照这些基本要求制定的规章制度，才是经得起实践检验而又有强大约束力和教育意义的法规。

二、高校学生体制管理

（一）高校学生行政管理体制

建立一套完整的大学生行政管理工作体制是做好大学生管理工作的重要保证。高校的整个行政管理体制是一个大的系统工程，而学生行政管理体制，只是整个系统工程中的一部分，或称为一个子系统。为了使整个学生行政管理工作能够跟上形势的发展，适应实际工作的需要，有必要对学生行政管理工作体制做进一步的分析，以逐步提高学生行政管理工作的水平。

第三章 高校学生管理工作的开展

1. 行政管理体制的历史与现状

（1）高校学生行政管理体制的内涵

为了正确认识学生行政管理工作体制的历史与现状，首先有必要正确地了解学生行政管理工作体制的内涵是什么。简而言之，体制包含机构设置与权限划分两方面的内容。学生行政管理体制，主要体现在学生行政管理工作的机构设置与权限划分两个方面。

在高校，学生行政管理工作是学生工作的一个重要部分，而学生行政管理工作又可分为学生的教学管理、学籍管理、生活后勤管理、治安管理、课外生活和校园秩序管理等。因此，这里所讲的体制，不仅应体现这些工作职能的权限划分，还应考虑为完成这些职能而建立的机构。所以围绕着对学生从入学到毕业的在校阶段的管理，围绕着对大学生学习、生活、行为规范而设置的机构与职能权限的科学划分，就是学生行政管理工作体制内涵的反映。

（2）高校学生行政管理体制的历史回顾

新中国成立初期，高校基本上实行"一长制"，高校的管理制度，包括学生行政管理制度，原则上与当时企业的"三级一长"管理制度相同。"三级"由校级、系级、年级（班级）三级组成，"一长"指由校长、系主任、年级主任（班主任）在各级发挥管理职能。后虽几经反复，但在组织机构的设置上，基本上无重大变化，组织机构的基本形式是采取"直线职能参谋组织形式"。

当时，校级行政管理机构中，无独立的学生行政管理部门，每个行政处均兼有管理教职工和学生的行政职能。如学生的教学管理，由教务处负责；学生的生活管理，由后勤系统的总务处负责；负责学校招生、毕业生就业的部门，各校又不尽相同，有的学校招生由招生办公室负责，有的由教务处承担，而学生毕业就业，有的学校由教务处负责，有的学校由人事处承担；学生的学籍管理内容，包括奖励与处分，由教务处的学生科负责。

系级的学生行政管理机构，主要由系办公室负责履行行政管理职能。年级（班级）没有专门的行政管理机构，主要由政治辅导员充当学校中最基层的行政管理机构的代表。他们集教育、管理于一身，构成了学校最基层的学生行政管理机构。当然也有学校在班级里配备了教务员，负责学生的教学行政管理工作。当时高校虽无专门独立的学生行政管理体制，但已具有各级机构兼管学生行政管理工作，承担各种职能权限，形成了适合当时需要的学生行政管理体制。

（3）高校学生行政管理体制的现行模式

随着教育事业的发展，学生行政管理工作的体制不断完善。"文化大革命"

结束后，高考招生制度的恢复、高等教育事业的不断发展使高校的规模得到了扩大，高校的领导体制，包括学生行政管理工作体制也发生了变化。从高校学生行政管理体制的变化看，可归纳为以下四种模式。

第一种，散在模式。

学校各部、处及有关机构各司其职，实施行政管理的职能。这一模式，在校级、系级、年级（班级）三级组织机构设置方面，沿袭历史上的"直线职能参谋组织形式"，一般来说，未增设新的行政管理机构。但在职能和权限划分方面，分权化的组织管理制度强化，促使整个行政管理工作有规律、有节奏地顺利运转。

第二种，专兼模式。

学校建立了学生处，成为承担学生行政管理工作的主体之一，而其他各有关部、处，兼有学生行政管理职能，整个学生行政管理工作呈现专兼结合、齐抓共管的局面。这一模式，在校级建立了专门的、独立的学生行政管理机构——学生处。系级学生行政管理机构的设置，各校情况不一，有的学校在系级设立了学生办公室，专门负责学生的行政管理工作，有的学校系部行政机构设置维持原状。在年级（班级）基层组织一级仍由辅导员（或班主任）负责管理，少数学校在年级设立了学生办公室。

第三种，复合模式。

学校在校级建立了学生部和学生处，部、处合一，实行"一套班子、两种性质"的工作模式。这一模式具体表现为，有的大学在系级设立了学生办公室，主管学生行政管理和思想政治教育工作，有的大学视情况设立了学生年级办公室，负责本年级学生行政管理和思想政治教育工作。

第四种，各部、处模式。

学校建立了学生工作指导委员会或学生工作领导小组，委员会下设实体性的机构——学生工作办公室，该办公室兼有协调、指挥各部、处执行学生行政管理和思想教育的职能。而各部、处在学生工作办公室的指导下，照常履行原来承担的有关行政管理工作的职能。系与年级两级的组织机构无重大变化。

上述模式，有两个共同的特点：一是管理机构的组织形式均采取"直线职能参谋组织形式"；二是分权管理制度加强。

2. 行政管理体制的模式特点

目前，高校学生行政管理体制的各种模式的机构设置不尽一致，权限划分各有差异，每种模式也各有特点，具体如下。

(1)学生行政体制管理的散在模式

采用这一模式的高校,普遍在校学生数不太多,校领导有较多精力关心学生工作,各级学生行政管理机构干部配备充足,所以,它沿袭传统的高校学生行政管理工作体制,有如下特点。

①采取"直线职能参谋组织形式"。这一模式中,校长是唯一的行政负责人,有全面的领导和指挥权,对一切工作都负有全面的责任。各职能部门按照校长的要求,在业务上具有指导下属部门的权力。各级组织在行政上相对独立,可充分发挥主动性。这样既保持了统一领导,又充分发挥了各职能部门的积极性和主动性。

②分权管理制度加强。在新形势下,为了适应学校管理的要求,学校将有关行政管理权限下放,如学生行政处分权,记过以下的处分由系级部执行;如学生的奖学金金额,部分的单项活动,班、系活动奖励及补助,系级部有权决定,这也有利于调动各级组织的积极性,促进行政管理工作高效运转。

③兼容一体,易于协调。这一模式无新机构设立,许多相关的相互交叉、相互渗透的工作,依然由一个处室负责,如学生生活管理由总务处负责,学生学籍管理的许多工作由教务处负责,便于配合,易于协调。

(2)学生行政管理体制的专兼模式

这是从散在模式发展而来的,因此,它们之间特别是在权限划分上有许多相似之处。由于在校级建立了学生处,在较大的系级建立了学生办公室,所以学校中出现了学生行政管理体系,同时,也明显地反映出以下几个特点。

①学生工作统筹安排,全面协调能力增强。专管学生工作的主干处——学生处对学生行政管理工作及有关学生工作的情况负有全面关心、通盘考虑、及时汇总、向上报告的责任。

②工作人员的应变能力增强。在新的形势下,学生行政管理工作不仅要有正确性、规范性,还应讲究时效性。建立了专管学生行政管理的工作体系,就能有一批长期专门从事学生管理的工作人员,他们能正确地掌握党的方针政策,全面了解学生情况,遇事能及时向领导汇报并提供各种解决方案。

(3)学生行政管理体制的复合模式

它由专兼模式进一步发展而来。由于学生处和学生工作部实现了两块牌子一套班子,因而它有一个明显的特点,即在组织机构上实现了学生思想政治教育和学生行政管理的结合,改变了长期以来行政管理和思想政治教育相分离的状况,使对学生言和行、想与做的教育统一在一个部门。

（4）学生行政管理体制的各部、处模式

它既同散在模式相似，又同复合模式相近，唯一的特点是集指挥和执行于一身。由于它有居于部、处之上的职能部门——学生办公室，所以既可以指挥部、处，又能协调各种关系与矛盾；既能够抓行政管理工作，又能抓思想政治教育工作。

3. 行政管理体制的发展趋势展望

学生行政管理工作的成效，取决于两点：一是领导和干部队伍；二是管理体制。当前有一批较长时间从事学生工作的同志，他们有能力、有水平、有积极性与创造性，虽然管理体制不够完善，但凭借这批骨干的创造性和努力，高校的学生管理工作也取得了很好的成绩。但随着社会的发展，我们还需要改进工作、完善政策、健全体制。

行政管理体制的成效是由这个学校的历史与现状、领导与干部队伍的素质和结构、教师与职工的思想水平与觉悟、学校的任务和条件等形成的综合因素决定的。只有当一个具体模式适合这个学校的情况，并能创造出最优成绩时，才是最佳的选择。

从学校学生管理体制的发展趋势来分析，选择具体模式应考虑两个问题：一是是否需要建立专门的学生行政管理体制；二是是否需要实行学生行政管理工作与学生思想政治教育工作相结合的管理体制。我们对这两个原则问题的回答是肯定的，这也是今后完善学生行政管理体制的关键。

第一，人的思想和行动是不能割裂的，人的行动受思想的支配，而思想又需要实践的检验。要规范人的言行，首先要抓思想教育，要了解一个人的思想，必须先了解他的行动。

第二，学生行政管理工作是培养学生成为全面发展的社会主义建设者和接班人的一项重要工作，对在校学生的学习、生活、行为起着正确的规范作用。它不仅需要一支具有理论水平和实践经验的稳定的干部队伍，还必须逐步建立一套专门的行政管理体制，否则难以适应当前形势下学生管理工作的要求。

第三，高校担负着培养青年学生的重任，只有将行政管理工作和思想政治教育工作相结合，建立一支专门的学生管理工作队伍和一套专门的学生行政管理工作体制，才能培养出具有崇高理想、信念坚定的合格人才。

（二）高校学生思想品德教育管理体制

我国高校学生思想品德教育实行的是综合管理体制，这种体制主要由几种制度构成。

第三章　高校学生管理工作的开展

1. **专职干部责任制**

高校专职党团干部是党的教育方针与政策在各单位的综合贯彻执行者，是思想品德教育管理的设计者，是发动全体教师教书育人的组织者。因此，专职干部在学生思想品德教育管理中发挥着不可替代的作用。学生专职干部主要指担任党团职务、专门从事学生教育管理的干部，包括学生工作部（处）或宣传部、校团委的干部，各系主管学生工作的党总支（分党委）副书记、团总支（分团委）干部等。专职干部一般按学生人数的1∶150配备，不足150名学生的单位可根据实际工作情况考虑。专职干部具体由学校主管部门和各系党总支共同管理。

专职干部主要从毕业生或青年教师中挑选，必须具备以下几个条件。

①坚持四项基本原则，积极拥护、努力贯彻党的路线、方针、政策，在政治上同党中央保持一致，一般要求是中共党员。

②热心思想工作，热爱、理解、熟悉青年学生，善于联系群众，作风正派，坚持原则，办事公正，严于律己。

③具有一定的社会工作经验和组织管理能力、表达能力、调查研究能力，能独立开展工作。

④具有大学本科以上文化水平，业务成绩优良。

2. **指导教师责任制**

教师在教育学生的过程中起着主导作用。调动教师教书育人的积极性是抓好学生教育管理工作的关键。除了要求所有教师在教学过程中要注重学生的思想品德教育之外，这里说的指导教师责任制，是要求一部分教师在完成自己教学、科研工作的同时，兼负一个年级或一个班的学生教育管理工作。指导教师包括年级主任、辅导员或班主任、研究生政治导师（以下统称指导教师）。

指导教师中的兼职辅导员或班主任聘任可以采用分段制（即一二年级为一段，三四年级为一段），也可以实行四年一贯制。人数在120人以上（包括120人）的年级应配备年级主任，负责组织、协调本年级的工作，不满120人的年级可根据情况按专业或系配备年级主任，年级主任在任职期间以学生教育管理工作为主，也可适当担任少量的教学、科研工作。

指导教师由学校人事处、宣传部、教师工作部门、学生工作部门和所在院系党总支组成的领导小组共同管理。人事处负责把指导教师的工作表现与教师出国、进修、晋升专业职务等政策挂钩；宣传部负责指导教师的自身提高、评比先进等工作；教师工作部门负责把指导教师的工作表现与课时酬金的发放挂钩；学生工作部门与系党总支负责对指导教师的工作进行指导与考核。

指导教师由教研室负责考察挑选，聘期一般为两年一期，可以连聘连任，无特殊情况未经批准不得随意更换，以保证工作的连续性。

（1）指导教师的职责

①努力贯彻党的教育方针，对加强学生思想品德教育管理的目的、意义认识正确，严于律己，言传身教，引导学生全面发展。

②负责指导学生团支部、班委会开展各项有益的活动，负责组织本年级（或班）的政治学习、班务会议，做好日常的思想教育管理工作，保障学校各项教育管理计划、措施、制度在基层的贯彻落实。

③负责执行本年级（或班）学生的思想品德考核，对发展学生党员提出建议和意见。

④指导学生开展业务学习、课外科研、学术交流等活动。

（2）担任指导教师应具备的条件

①坚持四项基本原则，热爱党的教育事业，品德高尚，作风正派。

②有一定的学术水平，教学效果好，在担任指导教师期间，能承担本年级（或班）一门业务课的教学工作。

建立指导教师责任制是发动教师做好学生思想教育管理工作的重要措施。由于大多数教师都有自己的教学科研任务，并且面临提高业务水平与晋升专业职务的挑战，加上学生工作投入大、收效慢、难度大、耗费时间多，使得大学里的许多教师不愿意担任指导教师。造成这种状况的原因是多方面的，应制定具体的措施，在政策上解除教师的后顾之忧。只有把教师的积极性充分发挥出来，把培养学生良好的思想品德作为全体教师自觉的行动，高校学生工作才能开创崭新的局面。

（三）学生管理体制的改革

1. 改革学生管理体制的意义

从学生管理体制应具有的科学结构以及中外学生管理体制的比较中，可以看出，我国目前的学生管理体制必须进行有效的改革，否则，学生管理体制将会影响管理效果乃至人才培养的质量。

（1）改革学生管理体制是学校工作面向社会主义市场经济的需要

随着社会主义市场经济体制的逐步建立，社会向学校提出了培养适应社会主义市场经济发展的人才的要求。面对这一全新的要求，学校管理体制必须实施适度改革，否则就不能完成时代赋予的使命。学生管理系统是学校管理的子系统，直接担负着培养人才的任务。因而学生管理体制的改革势在必行。并且，社会主义市场经济的建立，也提出了学校的招生机制、指导就业机制以及教育管理机制的改革问题，这些是已经摆到议事日程上的现实问题，是过去计划经济条件下所建立的学生管理体制难以解决的。

（2）改革学生管理体制是全面改善学校管理工作的需要

理论和实践告诉我们，管理的有效性主要取决于两个方面：一是该管理系统的内部及其各子系统之间的协调和畅通；二是各有关系统的决策、实施、检测、反馈过程的及时和准确程度。学生管理工作系统作为学校管理系统的一个子系统，它除了自身必须有效运转以外，还应为教学系统、后勤系统以及学校决策层提供可靠的反馈信息，以促进各项管理工作的改革和提高。因此，要改善学校的管理工作，学生管理体制就需要实行改革。

（3）改革学生管理体制是学生管理现代化的需要

我国教育必须面向现代化，这既是说培养的人才必须适应现代化建设的需要，同时还指教育手段必须逐步现代化。这对学生管理体制也提出了实现现代化的要求。如果管理体制不符合现代化的要求，就很难培养出符合现代化要求的建设者和接班人。同样，教育思想、内容、手段的现代化也对学生管理体制提出了改革的要求，这一改革包括学生管理体制怎样充实完善教育思想和教育内容，学生管理体制怎样保证教育措施的实施，等等。

2. 学生管理体制的改革设想

根据《中华人民共和国高等教育法》，国家对高等学校内部管理体制有下述规定，即"国家举办的高等学校实行中国共产党高等学校基层委员会领导下的校长负责制"，鉴于过去的传统和现在的基础，对改革我国高校学生管理工作体制的基本设想是"整体上的专门化""系统内的多中心"和实行"以条为主，直接管理"的工作机制。

（1）整体上的专门化

这是针对学生工作的领导体制而言的。它以人们承认学生工作在学校教育工作中的独立地位为前提，在学校领导分工中有设置专门负责学生工作的领导的考虑。这名校领导专门负责学生的非学术性事务和课外活动而不再分管其他工作，即实现"专人专事，专事专人"。从现实的情况看，我国高校学生工作的主要职能部门是党政合一的，在校级领导层次上，却是党政分立。调查发现，我国高校党委副书记领导学生工作是典型情况，多数高校还有一名副校长协助分管学生工作。鉴于我国高校学生工作日趋行政化的现实，学生工作应该由一名专职的党委副书记（兼副校长）主管。

（2）系统内的多中心

这是就学生工作系统内部组织结构而言的。当前我国高校学生工作管理体制的模式是"条块结合、纵横联合两级运行"，即以学生工作部（处）为专门机构，协调校内的团委、教务处、宣传部、总务处等部门开展工作。在学生工作实现"整体上专门化"的领导体制后，要将当前兼职部门分管的所有学生事务都划归到学生工作的管理系统。当前高校中与学生工作有关的管理职能要有所分化和整合，实现学生工作部（处）和相关部门的有机重组。根据工作需要重新组合，形成功能专一的新机构，建立党委副书记（兼副校长）领导的多个中心和办公室，如招生注册中心、学习指导中心、住宿生活指导中心、行为指导中心、就业指导中心、心理咨询中心、健康服务中心、学生活动中心等。如果考虑管理幅度的限制，可将上述各中心依工作性质分成学生教育、学生服务、学生活动三类分别设立。

（3）以条为主、直接管理的工作机制

这种设想是指将高校学生工作管理由现在的校、系两级的条块结合机制转向直接管理、以条为主的工作方式。主要依据有，一是目前学生工作条块结合的机制需要的学生工作干部队伍庞大。据调查，院（系）一级基层学生工作专职人员一般是2~4人，有的学校则为5~6人。二是随着学校规模的不断扩大，院（系）一级的基层组织逐渐增多，从而导致校级管理幅度太大，不利于指挥和领导。三是根据现行的工作机制，院（系）一级学生工作按要求是在校一级领导下进行，但是院（系）一级专职人员的人事权在院（系），这就形成了学校管事不管人的现象，从而影响了工作的效率。相反，如果实行直接管理，专职人员统一指挥，工作就容易统筹安排。

第三节　高校学生自我管理与民主管理

高校学生的自我管理和民主管理，是高校学生管理工作中的一个重要组成部分。它侧重于调动学生的主体意识，在整个学生管理工作中，起着补充和完善的作用，由于其具有独到的优越性而受到越来越多高校管理工作者的重视。

一、高校学生自我管理

高校学生的自我管理，简而言之，就是学生自己管理自己，其目的在于激发学生在管理中的主人翁精神。它是学生根据教育目的和培养目标的要求，运用现代管理方法，为实现个人管理有效地调动自身的能动性，训练和发展自己的思维，规范和控制自己的言行，完善和调节自己心理活动的过程。学生自我管理就管理方法来说，可分为学生个体自我管理、集体自我管理和参与性自我管理。

（一）学生自我管理的特征

1. 对象特征

即管理与被管理两者的统一。学生自我管理同其他管理活动的根本区别在于，其他管理活动强调对他人或他物的管理，而学生自我管理则是行为发出者作用于自身的活动过程。自己既是管理者又是管理对象，这是自我管理最基本的特征。进行自我调节和控制，是学生自我管理的实质所在。

2. 过程特征

即自我认识、自我评价、自我控制、自我完善四位一体。在学生自我管理中，从目标的建立到组织实施，再到调节控制，以及不断完善，融于学生一体。学生在认识社会、他人和自己的基础上设计自己，在管理过程中评价、控制自己，最后达到目标的实现，到此也就完成了学生自我管理的一个循环——不是简单重复，而是在社会、个人的动态环境中的螺旋式循环。

3. 内容特征

即不同的时代具有不同的内容。此特征有以下两个方面的含义：一是生活在一定社会条件下的人，其思想水平、知识水平和心理素质往往会被打上时代的烙印，学生也是如此；二是学生自我管理的目标及其社会意义具有鲜明的社会、政治、经济和文化特征。今天，社会为自我管理提供了汲取营养的现实土壤，而作为新时期的高校大学生，就应该热爱祖国，热爱人民，追求真理，锐意进取，艰苦奋斗，乐于贡献。

（二）学生自我管理的原则

从整体上说，学生自我管理不完全取决于个人的愿望和努力，它必须反映社会和学校的需要，必须受到社会条件和学生管理制度的制约，符合社会道德规范，同学校的培养目标一致，并置身于社会管理和学校管理之中。学生自我管理集主客体于一身，具有它的特殊性。所以，它除了遵循管理的一般原则之外，还应遵循以下几个原则。

1. 自觉自愿原则

学生自我管理是学生自己管理自己的一种管理方式，从管理内容的制定、目标的确定到信息反馈、总结纠正等，都应由学生自己编排，要自觉自愿。当然，自觉自愿也不是放任自流，为了保证自我管理的正确方向，学生在自我管理时，必须接受学生管理部门的指导和约束。对集体自我管理来说，必须注意吸收全体学生参与管理工作，充分调动和发挥每个人的积极性。

2. 认识评价原则

学生实行有效的自我管理之前，必须全面认识自己及其所在班组、学校乃至整个社会的现状。要参与社会就必须认识社会，同时，只有参与，才能认识得更全面。学生自身的政治素质、文化素质、心理素质、身体素质和社会阅历是自我管理的内在条件，而班级、学校的状况、目标、任务、结构和功能，国家政策，经济文化背景和社会规范等是自我管理的外在条件，只有正确认识社会，客观评价自己，才能使自我管理切合实际。

3. 严密性与松散性相结合的原则

所谓严密性，对集体自我管理是指应当有相对稳定的组织、明确的宗旨、科学可行的计划和管理制度，有相对稳定、水平较高的骨干力量；对个体自我管理则是指目的明确、计划周密、心理状态良好。所谓松散性，是指在严密性的前提下，对学生自我管理的时间、地点、参加人员、活动内容及形式可做一些选择。这里的"严"与"松"是辩证统一的，如果没有明确的目的、严密的组织、严格的制度和较好的管理者，集体的共同利益就难以维护，教育目的也难以实现。

因此，学生在自我管理中要强化集体意识，自觉服从、维护集体决议，模范地做好集体工作，只有这样，才能保证学生自我管理沿着正确的方向而不失控。同时，由于高校学生群体内部结构层次的复杂性，在保证集体利益和共同要求的前提下，要尊重学生的个性，促进学生个性发展。同学之间提倡互相尊重，互相学习，在相互帮助中共同进步。

（三）学生自我管理的作用

1. 加强学生自我管理有利于学生健康成长

青年学生正处在心理的转折期与自我发现期，他们强烈希望自己的意志和人格受到外界的尊重，具有强烈的参与意识，而学生自我管理则恰恰满足了他们的这种心理愿望，从而促进其心理的健康发展。他们心理的健康，有利于学校的稳定。但是，由于学生世界观、人生观、价值观尚在形成过程中，他们在复杂、动态的环境里，也必然会受到各种错误思想的干扰。要有效地消除这种消极影响，除了学校、社会和家庭的教育、指导外，作为学生自己也要提升理论和思想修养，在自我管理的实践中，提高辨别和抵制错误思想的能力，使自己健康成长。

2. 加强学生自我管理有利于增强学生适应社会的能力

一方面，由于目前我国还存在着教育与实践相脱节等弊端，以致许多学生动手能力和创造精神较差；另一方面，学生最终都将走向社会，接受社会的检验，随着人才市场需求关系的变化，社会对学生的知识水平、知识结构、专业技能以及走上社会的适应能力提出了更高的要求。因此，学生要在复杂的社会环境中既能适应社会的要求，又能有所作为，必须在学生期间利用一切可以利用的机会，有针对性地实施自我管理，逐步缩小所学知识与社会需要的差距，不断增强自我认识、自我评价、自我控制能力，实现自我完善，为将来走出校门后尽快地适应社会奠定坚实的基础。

（四）学生自我管理的途径

学生是在家庭、社会和学校管理教育的指导下，进行自我规划、自我调节、自我教育和自我完善的。由于人和社会环境的复杂性，学生实现自我管理的途径、方法也是多种多样、纵横交织和不断发展变化的。

1. 加强学校民主建设，促进学生自我管理

学校民主建设的本质是把广大教师、学生真正看作学校的主人和学习的主体。在学校提倡科学，崇尚民主，为师生创造民主参与管理的机会，让他们在工作和学习中感到自己是社会的主人，是学校的主人，激发起稳定的、持久的自觉性和主动性，这样，学校才能有凝聚力，才能树立良好的学风、校风。如果学校不能顺应和满足他们的心理要求，仍然把他们作为纯粹的管理对象，采取命令式管理，只能压制学生的能动性，伤害学生的自尊心，其结果只会引起学生的逆反和不满。事实证明，良好的学风、校风的形成，主要不是靠行政管理的强制力量，而是靠群体的力量，群体规范和舆论这样一种无形的力量。因此，民主建设是学校培养人才的前提和保证，制度管理是加强高等学校民主建设，创造良好校园环境的保障。

我国高等学校的管理制度近年来逐步完善。这些制度明确了学生的道德和行为准则，为学校的日常教育、管理工作提出了一套章法。广大学生只有在思想教育和制度的约束中，不断调节自己的思想、行为，逐步把外压力变成内驱力，自觉遵守，自觉维护，才能取得显著效果。

（1）民主管理要公开、平等

学生主体意识、平等意识的增强，就要求学校的管理工作要公开、平等，以取得相互理解、尊重和信任。公开即提高管理工作的透明度，平等即管理者和师生彼此平等对待，真诚合作。

在管理中，学校要尽量为学生创造知政、议政和参与管理的场所和条件，拓宽和完善学生参与管理的渠道，发挥他们在管理中的作用。学生参与学校管理，有助于增强他们的归属感和主人翁感，能发挥集体的智慧，使决策更正确。同时参与管理也是调动学生积极性，培养学生能力，加强学生与管理部门之间的联系的好办法。

（2）提高人的素质，实现民主管理

人是管理的核心，提高人的思想、道德、知识素质，是完善学校民主管理的首要条件。学校要重视思想政治教育课的教学，充分发挥党团组织的作用，发挥管理者、教师的作用，要鼓励学生参加教育改革，激励学生自爱、自强，采取各种形式帮助学生明确民主与集中、自由与纪律的关系，增强其民主意识，使其树立正确的世界观、人生观和价值观。学生有了"精神能源"，学校的民主管理才会有坚实的基础。

2. 搞好学生组织建设，强化学生自我管理

学生组织主要是指校、系、班级的学生会或班委会、团组织和其他社团组织。这些组织是学生自我教育、自我服务、自我管理的主要形式，也是学校做好学生管理工作的保证。

加强学生组织建设，要选好、用好学生干部。学生干部来自学生，他们既是受教育者和被管理者，也是学校管理干部的助手，还是学生活动的直接组织者和学生基层组织的管理者。要建设一个良好的集体，必须有一批优秀的学生干部，选好、用好学生干部对学生管理工作至关重要。

加强学生组织建设，要发挥学生组织的教育管理功能。学生组织是学校系统中的一个子系统，加强组织建设，目的就是要发挥其作用。在教育方面，学生组织可以通过组织学生学习理论、时事政治、业务知识，通过举办演讲会、座谈会、

报告会等，帮助学生共同探讨理想与现实、自由与纪律、民主与集中、权利与义务、学习与工作、事业与爱情、个人与集体等方面的关系。依靠正确的导向，在学生中形成追求进步、关心集体的舆论，形成刻苦学习、勇于进取的良好学风，形成遵守法律、讲究道德的文明环境。在管理方面，学生组织要依靠管理制度，配合教师和学校的管理干部，做好组织协调工作，提高管理效能。在服务方面，学生组织既要为学生服务，也要为学校服务。

加强学生组织建设，要改进管理方法。方法是完成任务、实现目标所必不可少的手段，任何组织要实现管理目标，没有良好的方法，必然事倍功半。反之，管理方法得当，就会事半功倍。可见，采取好的管理方法，是提高效率的有效途径。学生组织的自我管理也不例外，一般来说，在学生组织的自我管理中，制度管理法、榜样示范法、正面激励法、民主管理法等是不可缺少的。

3. 加强社会实践活动，完善学生的自我管理

加强社会实践活动，首先要搞好教学过程中实践环节的自我管理，高校学生的根本任务是学习，通过学习提高自己的智力和能力，而教学过程中的实践活动正是学校为了使学生把所学到的知识运用于实践所安排的。作为学生只有较扎实地掌握本专业的基础知识、基本理论和基本技能，才能算是合格的学生。所以，搞好教学过程中的实践环节是学生自我管理的首要问题，每个学生都根据自己专业的特点和实践的要求，自觉地参加实验、实习、考察和劳动等实践环节，并做到勤学习、勤动手、勤思考、勤总结，努力提高自己掌握和运用知识的能力。

加强社会实践活动，还要搞好校内外的实践活动的自我管理。校内外实践活动是教学环节的拓展和延伸，也是充分发展学生的爱好、特点和长处的好途径。搞好校内外实践活动的自我管理，一要根据自己的爱好和特长，组织或参加学校的社团活动，培养自己的责任感，提升自己适应社会发展所需要的素质；二要积极组织并参加学校开展的各种竞赛活动，在活动中培养自己的参与意识、竞争意识和集体意识，锻炼自己的组织能力和社交能力；三要充分利用假期，开展社会调查和各种形式的社会服务，在参与中了解社会、坚定信念，促进自身的全面发展；四要完善管理制度和管理措施，克服松散管理和多重管理现象。

学生自我管理的途径和实现自我管理的方法是多种多样的。不论采取哪种途径和方法，管理效果不但取决于社会、学校的关怀和支持，而且取决于学生自身的努力和修养。高校学生只有在学校、家庭、社会教育的指导下，树立崇高理想，

提升道德修养，善于学习，勇于实践，坚持把个人理想同社会需要，把个人命运同祖国前途结合起来，自我管理才能卓有成效。

二、高校学生民主管理

（一）民主管理的概述

1. 大学生民主管理

大学生民主管理是指根据社会主义民主的本质，运用社会主义民主的形式，充分调动并发挥大学生内在的积极因素和自主精神，在学校行政管理人员的领导下，组织大学生参与管理，达到培养全面发展的"四有"人才的目的。大学生参与民主管理具有社会主义的方向性，离开了社会主义的方向，管理就失去了目标，也失去了意义。大学生民主管理采用社会主义民主的形式，是民主集中制的民主，而不是无政府主义和极端民主化的民主。

大学生民主管理是高等学校大学生管理系统中的子系统，是大学生管理的一种形式，它的基本作用和形式是参与和监督。

2. 大学生参与民主管理的意义

大学生参与民主管理，有利于其在实践中接受社会主义民主教育，有利于其树立正确的政治观点、社会主义民主意识和民主精神，对于全社会政治上的安定团结具有十分重要的意义。大学生参与民主管理，可以构建学校领导和学生之间的信息渠道，密切学校领导和广大学生的联系，有利于建立良好的师生关系；有利于学校领导及时了解学生的情况、改进工作作风；有利于培养一批有领导才能、有管理能力、有献身精神的积极分子，这对于党的建设和社会主义事业都有着重要的意义。

（二）民主管理的组织形式

1. 学生民主管理的组织

共青团组织与学生会组织各自的目标和任务虽不尽相同，但就建立良好的校园秩序、培养社会主义建设人才的总目标来说，又是完全一致的。共青团组织和学生会组织都要在学校党组织和行政管理系统的领导下开展活动。无论哪一个组织都不是完全独立于学校党政领导之外的，所以都不能称为自我管理组织。班级组织和团支部组织是学校实行民主管理的最重要的基本组织，调动这些组织中的大学生民主管理的积极性，完善民主管理制度，对于建设良好的校园秩序，具有特别重要的意义。

2. 专业性的学生民主管理组织

比如有的学校建立了学生宿舍管理委员会、伙食管理委员会、卫生管理委员会、治安保卫管理委员会、纪律管理委员会等，通过学生自己处理或协助学校处理问题，维持校园秩序。这些组织在行政管理部门的领导、协助和支持下开展工作，但不能自行制定和学校的规章制度相抵触的管理制度。

（三）民主管理的作用

1. 培养学生的责任意识、纪律意识和法律意识

很多学校用发动全校学生开展民主讨论的方法来修订管理制度，并将经讨论修订的条文提交学生代表大会投票表决，然后由校长批准实行。讨论的过程就是一个学习和教育的过程，凡是认真讨论的，也往往是准备认真执行的，因此，也就培养了学生的责任意识、纪律意识和法治意识。

2. 培养学生的自律精神

把学生的积极主动精神调动起来，让学生参与管理，不仅可以改善管理，而且可以培养学生的自律精神。

3. 培养学生的诚实守信精神

一个学习阶段完成，有大量的工作要做，比如评定奖学金、评选优秀学生和学生干部、进行毕业鉴定等。这些都可以发动学生进行民主讨论，培养学生的诚实守信精神。

4. 培养学生的社会主义民主意识和民主精神

在强调坚持四项基本原则的前提下，对学生组织的活动应尽量放手，让学生自己去组织活动，严格按民主程序去处理日常工作。

第四章 高校学生管理模式

构建高校学生管理模式是一项系统工程，各高校需根据自身特点，不断改进和完善学生管理模式，以适应社会经济和高等教育发展的需要。本章分为人格化管理模式、制度化管理模式与温情化管理模式三部分，主要包括人格化管理模式的基本定义、人格化管理模式的重要意义、高校的制度化管理模式概述、制度化模式和人性化模式结合的管理、温情化管理的理念、温情化管理模式的构建等内容。

第一节 人格化管理模式

一、人格化管理模式的基本定义

所谓人格化管理就是在管理过程中充分注意人性要素，以充分挖掘人的潜能为己任的管理模式。

人格化管理是一种"以人为本"的管理方法，它的实质在于充分尊重和理解被管理者的个性和创造才能，充分调动他们的主动性、积极性、创造性，并使其更好地投入工作中，更有效地实现组织目的。至于其具体内容，可以包含很多要素，如对人的尊重，充分的激励，给人提供各种成长与发展机会等。

二、人格化管理模式的重要意义

综合各国对于新时期人才的要求，我们可以发现，现代的人才需要更多的能力和较高的素质，肩负着更多的使命。例如，要具备强烈的社会责任感，要树立明确可行的生活目标，要具有学习能力、创新能力，以及不断适应时代需求的能力等。上述一系列能力的培养都需要一种现代的、注重学生内涵培养的管理模式。人格化的管理模式注重对大学生内涵的培养，巩固、发扬已形成的良好的内涵，革除不好的甚至是劣质的品质，这对于大学生的成长和大学文化的繁荣都有重要意义。

三、学校人格化管理的具体实施

学校人格化的管理工作要从三方面实施：一是强化规章制度的管理；二是确保具有良好的学习环境和学习氛围；三是形成良好的精神风貌。学校人格化管理属于学生管理的高级层面，掌握着整体的动态，起着统筹、规划、指导的宏观作用。

四、班级、宿舍人格化管理的具体实施

班级、宿舍作为学校管理的基层单位，起着非常重要的基础作用。基层人格化管理要从以下三个方面努力。

（一）教师、辅导员等教育工作者发挥人格魅力

对学生尤其是新生而言，教师、辅导员等教育工作者代表着权威，在他们心中占据着特殊的地位。学生对他们崇拜的教师、辅导员会特别尊敬并存在模仿的现象。辅导员是班级人格化管理的组织者、策划者、调控者和实施者，教师则是管理最主要的辅助者，这两者在班级人格化管理中发挥着重要作用。因此辅导员要树立良好的工作态度、生活态度和办事作风，以便更好地感染学生；教师要有严谨的治学态度，感染学生树立良好的学习态度和工作态度。教师和辅导员要给学生树立榜样，促使班级人格化管理向良好的方向发展。

（二）个别学生发挥人格力量

在一个班级中，总会有在领导方面有突出能力的学生，这些学生的人格力量影响着班级人格化管理。他们人格力量的发挥会引导、带动其他学生，对班级人格化管理起到调动作用。但人格力量又有积极、消极之分，积极的人格力量会对班级和其他学生起积极作用；反之，会带来消极的影响。因此，学生人格力量的发挥需要辅导员的控制，辅导员要把握尺度，引导、鼓励积极人格力量的传播，化解消极人格力量带来的不良影响。

（三）宿舍人格化管理要注重细节

辅导员要选那些热心、负责任、宽容大度、积极为同学办事的学生担任宿舍管理员，借助他们的能力管理宿舍，用他们的行动感染宿舍的其他学生；还要建

立良好的宿舍环境，搞好宿舍卫生，形成和谐的舍友关系，创建多彩的宿舍文化等。宿舍人格化管理的形成为其他方面的人格化管理奠定了基础，为学生的生活创造了良好的环境。

第二节 制度化管理模式

一、高校的制度化管理模式概述

任何组织或团体在开展工作时均需要借助一定的制度进行管理和指导。缺乏制度化的管理，是导致企业、单位或其他组织产生管理混乱的根源。制度化的高校学生管理与制度化的企业管理存在一定的相似性，涵盖以下内容。

（一）管理规章制度

首先，高校学生管理的制度化需要设立科学、有效的管理规章制度，学生的管理工作必须基于一种合法的制度开展，并严格履行规章制度中的有关内容。其次，高校学生管理的制度化需要充分考虑学生的具体需求，制度的建立要有助于实现高校学生的自我价值。

（二）严格的执行制度

在高校学生管理的相关制度制定完成以后，高校需要严格执行。若仅以制度制定为目标而不落实到执行层，则高校学生管理的制度化就是表面功夫，只能成为空谈。

二、高校的制度化管理及其局限性

首先，什么是制度化管理？制度化管理是指以科学的规章制度对人们的行为进行管束的机制。它主要依靠外在的科学理性来进行管理。制度化管理是在机器生产时代产生的，在高校的制度化管理中，学校制定了严密的规章制度以约束学生的行为，让学生减少了思想行为的散漫性、无纪律性，从而营造了一种公开透明的环境，这可以保证课堂教学的有序进行。

其次，制度化管理是以教学为核心的，它倾向于把课堂的教学过程设计成一架精密的机器，在管理的过程中，只讲究理性和秩序，而很少考虑人的因素，因此它存在着很明显的局限性。第一，高校的制度化管理，是一种冷冰冰的建立在"外物"上面的管理体系，它通过一整套的规章制度规定限制了学生的思想和行为，从而削弱了学生学习的积极主动性。第二，每个学生都是独一无二的个体，尤其是大学生们朝气蓬勃、个性明显，然而在制度化的管理中，制度的"刚"性忽略了每个学生不同的个性需求，致使学生的个性得不到应有的尊重。原本管理就应该因时、因地、因人而采用比较灵活的方法，但如果采用制度化管理就很难做到这一点。

最终，制度化管理一定程度上束缚了当代学生的思维，限制了学生的创新精神。

三、高校人性化管理的实质及弱点

什么是人性化管理？人性化管理强调在高校的管理中把人这一要素放在第一位，学校一切的管理活动应该围绕着调动人的积极性、创造性展开。教师在教学授课的过程中应该尊重学生、爱护学生，让学生的潜能最大限度地发挥。

美国著名心理学家马斯洛认为，人类有五种层次的需要：生理需要、安全需要、社交需要、尊重需要和自我实现的需要。他认为作为一个文明人所追求的终极目标就是自身价值的实现。而人性化管理的理念也基于此。但是，我国一些高校的管理者在管理过程中孤立片面地理解了这一概念从而使学生缺少了制度的约束，这样就暴露了人性中的一些弱点，比如懒惰、自私、虚荣等等。基于这种现象，应该把制度化管理和人性化管理有机结合起来，确保学生健康成长。

四、制度化模式和人性化模式结合的管理

制度是维系高校学生正常地生活、学习的基本规范，理解制度化管理和人性化管理要注意两个方面：一是制度对所有学生都一视同仁，所有学生都要遵守学校的规章制度；二是在学校制度的严格要求下，对学生的基本权利有一定的保障作用，对学生的积极创造性也有激励作用，也就是说学生的权利要靠制度来保障。制度的两大功能就是建立在对人性优点和弱点的把握之上的。一方面，它保障了人性中优点的发扬，另一方面，它也约束着人性中弱点的泛滥。通常情况下，学生更在意制度的约束管教功能而忽略了制度的保障保护功能。这也不难理解，因为制度的外在表现形式就是硬性约束，而因约束近而得已保障的那些内容，不容易被察觉，这也是学生常常认为学校的制度化管理缺乏人情味的主要原因。

高校在制定学校的相关管理制度时应该向全校教职员工征求意见，在制定制

度的过程中，学校领导应呼吁广大教职员工积极参与，以确保制度制定后能代表广大师生的意愿，更好地服务于教育教学活动。具体表现在，在学校重大的制度制定之前，负责该事项的校领导干部应先征求师生意见，而后收集整理，再拟定制度的草稿，随后在教职工大会上展开充分的讨论，最后根据讨论的结果对草案进行修改整理。这样制定出来的制度才容易得到教职员工的认可，也体现了学校的人性化管理，让制度化和人性化管理很好地结合在了一起。

正如再好的千里马如果没有遇见伯乐，也将被埋没在众多资质平庸的马之中一样，如果一套科学合理的管理制度，在贯彻执行中出现了偏差，那也就不能发挥它原本具有的很好的作用。

针对我国现阶段学校管理中存在的制度执行力较弱的现象，我们要拿起人性化管理这个武器。在管理过程中，管理者要做到以身作则，严格要求自己，其身正，不令则行；其身不正，虽令不从。学高为师，身正为范，学生看到了教师的一言一行之后，自然会追随教师的脚步，也向美好的方向发展。

综上所述，制度化管理与人性化管理二者并不是互相对立的，二者是相辅相成的。在高校管理实践中，制度化管理和人性化管理互相配合，更有利于为学生创造一个良好的外部环境。而 21 世纪，人才是最重要的生产力，只有把制度化管理和人性化管理高效和谐地统一起来，才能为我国的现代化建设培养出更优秀的人才。人性化管理的实质就是更高层次的制度化管理。只有在坚持人性化管理原则的前提下，进行严格的制度化管理才能取得良好的效果。制度化和人性化在高校的管理过程中是一对既对立又统一的结合体，制度化有一定的刚性，而人性化有一定的柔性，俗话说得好：太刚易折，太柔易懦。在高校的管理上，应该刚柔并济，如此方能取得满意的成果。

五、制度化模式与人性化模式融合的发展路径

（一）公平、公正地执行制度

相关制度的实施需要确保其公平、公正，公平、公正地实施学生管理制度不但可以确保制度的有效实施，还体现了学生管理制度的人性化。因此，只有确保学生管理制度公平、公正地实施，才能充分保障学生的合法权益，同时该部分也是人性化管理的集中体现。因此，想要有效地实现学生管理的制度化和人性化的融合，需要将公平、公正地执行制度作为首要条件，以此来确保制度的有效实施。

（二）合理地建立管理机制

在高校的实际工作中，想要真正意义上实现学生管理的制度化和人性化的融合，需要在制度建立的前期进行铺垫。高校在制定学生管理制度时，可以有意地将人性化关怀融入制度之中。因此，高校想要有效地实施学生管理制度，就需要建立完善的制度化和人性化管理机制，它们是学生管理制度能够健康持续发展的基础。

第三节 温情化管理模式

一、温情化管理的理念

学生管理工作者的管理理念对一个学生来讲是非常重要的。班主任要树立正确的班级管理理念，坚持以学生为本，在学生面前树立师者风范，但同时又要和学生结交为朋友，拉近距离。在学生犯错的时候，不能一味严厉，要给予适当的宽容，在学生取得优异成绩的时候要毫不吝啬地给予鼓励和表扬。让温情的味道贯穿整个班级管理工作之中，让学生从班主任身上首先看到温情。

二、温情化的管理模式

（一）亲情化是幸福的渊源

家庭是亲情的诞生地，刚刚进入大学的学生难免在这个阶段出现亲情缺失感，那么班主任在进行班级管理的时候，可以把家庭中的亲情观念融入管理之中，采用亲情化的管理模式。对待班里的学生像对待家人一样，不用一种旁观者的眼光看待学生的事情，而是当作自己家里人的事情去对待，让学生在班级中感受到家的温暖，感受到家人的亲情无处不在。同样，班主任也要引导学生树立班级是一个大家庭，同学之间是兄弟姐妹的概念，让亲情在整个班级中贯穿。

（二）友情化是幸福的扩展

采取友情化管理模式的第一步：班主任和学生结为朋友。这样班主任就可以知道学生现在的兴趣爱好，了解他们对不同事物的看法，探知他们的心里所想。友情化管理模式的第二步：引导学生树立正确的朋友观。班主任要让学生明白什么样的朋友才是真正的朋友，明确朋友的真谛所在。朋友是在你最无助的时候陪在你身边，在你不需要任何言语的时候默默给予你帮助的人，朋友会在意你的一切细微的变化。友情虽然不及亲情来得那么血浓于水，但也是温暖而长久的。一个人拥有真正的友情会感觉到非常幸福。

（三）温情化是幸福的内涵

温情是一种温顺体贴的情谊。温情式的管理模式主要是调动人的内在作用。班主任对于学生应该采取温情化管理模式。对待不同类型的学生都能做到亲切而温暖，让学生感受到班主任在班级一视同仁，没有任何的偏袒，非常公平公正。这样，班主任在学生心目中的地位就会提高，从而让学生感到能够在这个班级，能够拥有这样的班主任非常幸福。

（四）随机化是幸福的催化剂

随机化的管理模式也就是在管理之中随意性比较强，没有任何规则可以遵循，这在班级管理之中体现为学生兴趣发展的随机化。班主任应该采取随机化的管理模式，对不同学生的兴趣爱好给予鼓励和支持，而不是在其之上强加一些东西，甚至要求统一化。学生在班级之中，能够把自己的兴趣爱好、特长表现出来，对于其本身也是一种鼓励，学生内心也会感到非常骄傲和自豪，幸福之感油然而生。

（五）制度化是幸福的方圆

制度化的管理模式就是按照已经制定好的规则来推动班级的管理。"不以规矩，不能成方圆。"做任何事情都要以一个规则或者是准则来要求自己、约束自己。班规对于一个班级来讲是必不可少的，身为这个班级的一分子，遵守班级纪律是非常重要的。班级的管理，缺少不了亲情、友情、温情，甚至是随意性的管理，但都要以一定的规章制度为前提。要求大家在一定的方圆之内体会亲情、友情、温情的含义，做到随机性地发展自己的兴趣爱好。如果少了某些规矩，幸福似乎就少了一些章法。

三、温情化的管理方法

（一）语言关怀

语言是一门非常深奥的学问，是一门艺术。在与人交流时，我们不仅要注意说话的内容，还要注意说话的语气。班主任在和学生进行交流的时候，要通过自己的语言，体现出对学生的关怀，多一些鼓励性的话语，少一些讽刺挖苦的言语；多一些赏识性的话语，少一些批评的言语；多一些尊重的话语，少一些霸道的言语；多一些关怀的话语，少一些蔑视的言语，给予学生充分的肯定，使学生感到力量和温暖。

（二）行为关怀

如果说语言是一门艺术，那么行为则是另外一门艺术。行为是我们脚踏实地地把我们的一些想法展现给他人的媒介。班主任管理学生时的行为关怀形式多种多样。幸福说简单也简单，说难也很难。作为一名班主任，应从学生的幸福感需要出发，采取温情化的管理，提高学生的幸福指数，让难事变成易事，让易事变得更简单。

四、温情化管理模式的构建

（一）温情接触

新生入校，面对这个陌生而又期盼已久的环境，他们急需有一个能够接纳自己的人来缓解心中的兴奋和迷茫，作为班主任应第一时间出现在学生面前，欢迎他们的到来并送上真诚的祝福，陪同他们了解即将开始四年大学生活的校园，这样简单的接触就会使学生感受到被尊重、被理解、被关心。

（二）温情教导

大学生处于生理和心理逐步走向成熟的阶段，在这期间，面对着纷繁世界的诱惑，不可避免地会犯这样或那样的错误。作为班主任，对犯错误的学生，要从关心、爱护、帮助的角度出发，合理选择工作方法。

（三）温情关怀

1. 从政治上关怀

帮助学生建立正确的入党动机，创造条件鼓励和帮助他们早日入党，从而在政治上更快成长。

2. 从学习上关怀

要注重培养学生良好的学习习惯，帮助其掌握正确的学习方法。对于一些因学习方法不当而成绩比较差、考试不及格的学生，一方面鼓励其抓住下次补考的机会，另一方面要善于发现他们身上的特长，帮助他们改进学习方法，提高学习效率。

3. 从生活上关怀

经常深入到学生中去，了解他们在生活上有什么实际困难，并在力所能及的范围内帮助解决。有些学生因家庭经济困难，无力支付其大学期间的学习及生活费用，这时作为班主任要认真了解国家、学校对贫困学生进行经济资助的各项政策，让每一个困难学生都能享受应有的资助，使学生以积极乐观的心态顺利完成学业。

4. 从心理上关怀

有些学生在社会实践、就业择业过程中会遇到挫折，心理会承受巨大的压力，这时班主任要帮助学生克服内心深处的失落感、孤立感和无助感等。此外，作为班主任要学会进入学生的情感世界，引导他们树立正确的恋爱观和婚姻观。

（四）温情鼓励

高校大学生正处于迅速成长、思想走向成熟的重要阶段，是锻炼各方面能力的最佳时期。然而目前高校大学生在一定范围内还存在许多问题，如政治意识淡薄、组织纪律意识薄弱等，具体表现为对政治理论学习持回避或应付的态度，存在对国内外大事不闻不问的现象，这时作为班主任要运用激励性原则，帮助学生改变消极的情绪，用健康的心理状态去学习、生活。对待学生要多给予温情鼓励，不论多么细小的进步都要及时给予肯定，这样可以增强学生的自信心，促使他们更加勤奋地学习。此外，新入学的大学生热情高涨，容易迷失自我，对此班主任应掌握学生动态，适时引导，鼓励学生参加适合自己的团体活动与社会实践，提高学生的综合素质。总之，高校班主任工作是一项十分重要的管理工作，作为班主任要尽可能履行自己的职责，及时了解大学生的思想动态，不断探索班级管理的新模式，这样才能适应新形势下高等教育的需要，培养具有创新能力和实践能力的高素质人才。

第五章 不同类型高校学生管理模式的比较

高校学生管理模式是否科学规范且行之有效,不仅关系到高校教学活动、科学研究等各项工作的顺利开展,更关系到高校人才培养质量的高低。本章分为研究型大学学生管理模式、教学型大学学生管理模式、教学研究型大学学生管理模式三个部分。主要包括研究型大学概述,研究型大学学生管理模式的内涵、构建和特点,教学型大学概述,教学型大学学生管理模式的内涵、构建,教学研究型大学概述,教学研究型大学学生管理模式的内涵、构建等内容。

第一节 研究型大学学生管理模式

一、研究型大学概述

研究型大学是一个更专业、含义更确定、边界更清晰的专用名词。研究型大学教学质量决定着一个国家的尖端人才培养水平和综合创新能力。

(一)研究型大学的概念及内涵

1. 研究型大学的概念

研究型大学肇始于德国高等教育发展的特殊历史时期,以柏林大学的诞生为标志,代表了当时世界一流大学发展的最高水平。"尊重学术研究自由"是柏林大学的精神主旨,"为科学而活"是其重要指导思想,都体现了研究型大学的重要特质——将科学研究作为大学职能的重要组成部分。在美国卡内基教学促进会的高校分类中,研究型大学也一直是美国各类大学中学术水平最高、科研成果最多、以研究生培养为主的一种高校类型。这类大学处于大学系统的顶端,且与国家核心竞争力的培育紧密联系;它集中了最优秀的人才,代表着一个国家和地区科技和文化发展的最高水平,同时也隐含着高于同行的大学声望,对社会具有深远的影响。虽然当前学界对于中国研究型大学的分类尚未提出一致的标准,但在实际工作中已经形成了对研究型大学事实上的分类,其中最典型的代表就是被列入前"211"和"985"工程的高校,以及目前的"双一流"建设高校。

什么是研究型大学?学者们有不同的看法和不同的描述,大致可分为三类:一类是利用人们观念中对研究型大学的常识性判断或向往性设计,预设大家对研究型大学概念形成基本认识而直接进入相关观点的阐述,回避了对研究型大学概念的理性分析;另一类是通过列示研究型大学特征,采用描述性定义概念的方法,认为具有相应特征的大学即研究型大学;还有一类是借助评介国外研究型大学的特点或评价指标,其中一些做了一定的改造,得出演绎性的研究型大学概念。我们认同这些有关"研究型大学"概念的描述和把握,它们从不同角度反映了"研究型大学"的内涵,有助于我们深化、丰富对研究型大学概念的探索与认识。

综合上述观点,研究型大学是指以知识的生产、传播和应用为中心,以产出高水平的科研成果和培养高层次精英人才为目标,在社会发展、经济建设、科教进步和文化繁荣中发挥重要作用的大学。

2. 研究型大学的内涵

在国外研究成果和国内探索的基础上,根据逻辑学定义原则,我们认为在逻辑关系上,"研究型大学"的元概念是"大学",大学是上位概念,研究型大学是从属于它的下位概念;从属种关系看,大学是研究型大学的属,研究型大学是大学的一个种。这样,只需在众所周知的大学概念域内对研究型大学的特殊本质进行分析,即可得出研究型大学的丰富内涵。我们可从以下三个层面来理解。

(1) 职能层面

研究型大学是"以知识的传播、生产和应用为中心"的大学。从大学刚诞生时的"教学型大学",到洪堡"倡导大学也是研究高深学问的机构"而创建柏林大学模式,再从中世纪的巴黎大学模式到范·海斯"大学还是提供社会服务的部门"的新认识,大学依次衍生出教学、科研、服务的职能,大学也在三者的螺旋变奏中走向巨型、多元。作为大学一个种类的研究型大学自然具有这样的共性,然而简单移植已有的大学职能又不能很好地揭示研究型大学的特质,因为研究型大学每个职能的纵深度、各个职能联系的紧密度今非昔比,它扩充了作为一个知识共同体的效能。如果在以往的大学职能上附加这些特质的说明，则必然烦琐而不符合规范。因而，将研究型大学归结为以知识为基点，以知识的传播、生产和应用为中心的大学。

（2）性质层面

研究型大学是"以产出高水平的科研成果和培养高层次精英人才为目标"的大学。任何社会活动中的社会机构的特性，都明晰地表征于其所追求的目标之中，并以此引导、激励、规约自身的各种活动形式和行动方向。研究型大学也是如此，它的目标中蕴藏着自己的性质与价值，而尤以产出高水平的科研成果和培养高层次精英人才为宗旨，开展各类教育、科研、服务活动，力争产生对国家建设起支撑作用的研究成果，培养出具有高尚品德、创新精神、实践能力的人才。

（3）定位、水平或程度

研究型大学是"在社会发展、经济建设、科教进步和文化繁荣中发挥重要作用"的大学。与管理学中的人员能级对应原理相似，如果从生态哲学的视角出发，各个大学个体组成了大学生态圈，这一生态圈中的每一个"有机体"都各显其能，各得其所。其中研究型大学是在社会发展、经济建设、科教进步和文化繁荣中发挥重要作用的大学，因而不同于发挥"一般"作用的大学；反过来说，研究型大学不是自封的，不努力而只具有一般作用的大学暂时不能成为研究型大学。把这种作用定在"重要"而非"重大"，一是"重大"可以理解为更重要，能够包容其中；二是给较多大学创造建设成研究型大学的可能性，因而无论在理论上还是实践上都预留适当的概念空间。如果将"一般""重要""重大"之间的关系结合起来看，研究型大学是既非唾手可得、又能可望可及的大学。

事实上，研究型大学是一个发展的概念，这是从研究型大学概念界定的"名"与实践运行的"实"之间的辩证关系来说的，后者是决定性的；随着后者的发展，如果要做到"名""实"相符，那么前者要么被全新的概念所替代，要么被赋予新的含义。

（二）研究型大学的特征

虽然不同国家的研究型大学都表现出自己不同的品性，但一般认为，以下三个方面可构成研究型大学的基本特征。

1. 高品位的师资和高质量的学生生源

研究型大学聚集了一流的学术人才，拥有高质量的师资队伍，在学校的特色学科和专业领域中有大师级学术带头人,在推动本学科发展上的作用和潜力巨大。教师、研究人员具有良好的敬业精神和职业道德。

研究型大学注重吸引本国乃至世界范围内最优秀的学生来校就读,一般填报志愿、申请就读的学生很多,但入学考核非常严格,录取率低,一旦录取则又可享受优厚的待遇。

2. 充足的科研经费和高层次的科研成果

研究型大学一般都有充裕的科研经费,经费渠道有国家拨款、竞争而来的科研资金、社会捐赠、自身服务所得、学费等。学校有足够的财力支持杰出科学家及优秀学生的发展。

研究型大学的科研、教学服务支持体系健全,从事教学和科研的人员与支持人员紧密配合、相互支持。在大学的所有设施中,图书馆和实验室是最重要的,研究型大学的图书馆和实验室是非常完善的。研究型大学是把"研究"置于较高地位的大学。一般来说,研究型大学承担国家级重大研究课题的能力强、课题多、经费充足,科研工作中创新能力强,各主要学科的研究处于本学科、本专业的前沿,研究成果显著,并有力地推动了科学技术成果向现实生产力的转化。

3. 通过科学研究培养高水平的人才

研究型大学一般通过不同领域相应的科学研究,培养具有创造性的"复合能力",具有提出问题、分析研究问题、解决问题能力的精英人才。从人才培养的角度看,研究型大学承担着培养政治、经济、文化、科技等领域领袖的重任。

结合上述标准,我国的研究型大学至少应具备以下特征:将科学研究置于学校战略发展的中心地位,是引领大部分学术领域或学科发展的主要阵地;主要以培养社会精英和学术型人才为目的,具有博士学位授予权且学科门类齐全;与其他高校相比,经费筹措能力较强,通常拥有更多的政府优先配置的资源;是当前最有可能冲击世界一流或高水平大学目标的高校。

二、研究型大学学生管理模式的内涵

研究型大学是以知识的传播、生产和应用为中心,以产出高水平的科研成果和培养高层次精英人才为目标,在社会发展、经济建设、科教进步、文化繁荣中发挥重要作用的大学。研究型大学学术氛围浓厚,学科布局科学,学科种类较为齐全;专业设置上紧跟世界前沿发展趋势,以学科组群发展为导向;学校软件和硬件实力强,教师知识结构合理,教学科研能力强,学校有充足的科研实验场所和设备；生源质量好，学生综合素质高，有较强的学习能力、适应能力。这些与研究型大学自身具备的创新性的时代特征、国际化的发展趋势、多元化的校园文化等特点是相吻合的。

因此，在学生管理模式选择上，研究型大学往往选择目标管理模式，即有明确的学生管理目标，注重管理与突出服务职能，寓学生教育管理于服务之中，能较好地将学校人才培养目标和学生的个人发展目标有机结合。

三、研究型大学学生管理模式的构建

（一）组织结构——矩阵式

根据研究型大学的内涵及特征，研究型大学学生管理的组织结构适宜采用柔性化的矩阵式组织结构，这种结构能够发挥研究型大学学生团队中每个人的聪明才智。

在这种纵横交错的矩阵式组织结构中，团队可以采用合作方式，也可以采用分工方式，这样就能够体现出管理的集权化与分权化。在这样的管理组织结构中，组织成员包括教师和学生的创造性得到有效激发，为高校学生管理提供了良好的组织环境。

（二）导师制

这实际上是实行通识教育与个性教育相结合的精英式管理。研究型大学的目标就是培养具有创新精神、科研能力的学生，相对于其他类型高校辅导员的管理作用，研究型大学更注重导师的指导价值。"导师制"是指在高校学生管理中，让每位导师指导3～5名学生，在导师与学生之间建立起"师徒"关系，由导师负责对学生的政治思想、业务学习、生活、心理等方面进行指导。导师制是教育学生、管理学生和培养高层次人才的一种有效制度，它在充分尊重学生个体主体性和差异性的基础上，实现了教书与育人的有机结合，以优化学生素质结构，促进学生的全面发展，符合高等教育和人才培养的客观规律。可以试用以下具体的做法。

①在导师的选择上，"学术造诣"是最基本的条件，既然本科生导师定位于指导学生的专业学习及学术研究，导师本人必须在本专业领域有所专长，能够给予学生实实在在的专业指导，帮助学生扩展与深化所学的专业知识，工作时间上，导师必须每周能够拿出一定的时间与学生一起进行有主题的活动。这样做，一方

面可以随时了解学生的思想动态，及时解决学生在学习和生活中面临的问题；另一方面也可增加学生对导师的信任，有问题愿意向导师咨询。另外，多数高校由于师资不足，青年教师也要担任本科生导师。青年教师在专业知识、生活阅历和社会交往等方面与老教师相比还有一定的差距，这是短期内无法弥补的。而良好的工作态度、责任心可以弥补这方面的不足。

②在时间的选择上，可以安排学生在大一的下学期或大二的上学期选择导师。

③导师的定位问题。导师应在下课之余帮助学生系统规划大学的学习与生活。导师通过与所指导的学生进行深入地沟通，了解学生的长短处、大学期间的打算和将来的就业方向，并在此基础上帮助学生系统地制定大学学习和生活计划。这样做，既可以使学生的四年大学学习有针对性，又可以避免学生走弯路，充分利用四年的时光，丰富专业知识和提高个人素质。在学习过程中，导师可以提出一些问题和思路，诱导学生去思考，并由学生进行实验或调查研究来得出结论，或者跟随导师赴实习基地接触生产实际，应用理论解决生产问题，将理论知识和实际问题结合起来。

四、研究型大学学生管理模式的特点

（一）注重学生的全面发展

研究型大学重视对学生综合素质的培养。研究型大学学科种类较为齐全，借助其自身的平台和资源，学生除了接触专业知识外，还能通过选修课、讲座等方式较为容易地接触到哲学、社会学、自然科学等相关知识，这十分有利于学生知识结构体系的完善。此外，丰富多彩的第二课堂活动、数量繁多的学生兴趣类社团、主题鲜明的社会实践活动等，都为学生提升综合素质、实现全面发展提供了很好的平台。

研究型大学除对学生进行专业培训外，还为学生提供摄取多方面知识的机会，使学生既有专业知识又有社会学、哲学、自然科学等学科的常识，协助学生在蜕变中发挥潜能，使学生成为处世成熟、关心社会、对社会有贡献的知识分子和专业人才。

（二）忽视了耐挫折能力的培养

研究型大学学生管理模式下虽然注重学生的全面发展，也能够培养学生的科学研究能力，但是对于学生耐挫折能力的培养有待提升。研究型大学的学生入学前学习成绩大多名列前茅，是家长眼中的好孩子、老师眼中的尖子生、同学中间的佼佼者。他们的人生经历往往一帆风顺，几乎没有碰到过什么挫折。但考入大学后，他们身边的同学都是成绩优秀者，竞争相对激烈，难免导致部分学生的成绩出现较大波动。这个时候这类学生就会出现较大的心理落差，有些心理素质较差的学生会产生失落的情绪，进而影响学习状态。如果此时不能及时调整，久而久之会陷入恶性循环。更有甚者，由于一些不良情绪的影响，某些高校甚至出现了诸如投毒事件、自杀轻生等对社会造成恶劣影响的极端事件。研究型高校，有可能在日常的学生教育管理过程中或多或少忽视了对学生耐挫折能力的培养，因而应在平时的管理过程中，加入更多的心理健康教育活动，帮助学生正确地看待问题，提高自我调节能力，增强与人和谐相处和耐挫折的能力。

第二节　教学型大学学生管理模式

一、教学型大学概述

（一）教学型大学的概念及内涵

1. 教学型大学的概念

教学型大学是指以本科教育为主体的全日制大学。它以招收本科层次的学生为主，主要履行人才培养和教育教学研究的职能，致力于培养高水平技能型人才（即高级专门人才）和高级研究型后备人才，拥有学士学位授予权和少量的硕士学位授予权，可招收一定数量的专科生。

2. 教学型大学的内涵

走以教学带科研、以科研促教学、以服务促教学之路是教学型大学的内涵。地方院校多数属于教学型大学，这类院校以培养本科生为主，以教学为主要任务，以服务地方经济建设为主要方向。为此，教学型大学应科学定位，把握自身的优势与不足，在教学服务和社会服务上下功夫，努力提升教学水平和服务能力，走以教学带科研、以科研促教学、以服务促教学的发展之路。

教学型高等学校的根本任务是培养人，培养服务于区域经济建设的各种人才。因此要坚持科学发展观，坚持以人为本的原则，坚持人才培养质量第一的原则。在教育教学过程中注意培养学生的法制观念、民主公平意识、诚信友爱信念、开拓创新意识以及人与自然和谐共处的理念，使大学生具有良好的人文意识、高尚的人生追求、熟练的专业技能、科学的创新精神，成为和谐社会中德才兼备的建设者和开拓者。

在重视与加强人才培养和保障教学质量的同时，教学型大学应以提高民族创新能力为己任，积极推进教育思想创新、教育目标创新、教育制度创新、教育管理创新和教育内容创新，以区域经济建设为中心，辐射全国；还要加强自身的建设和发展，提升服务能力和服务质量，努力促进区域经济持续快速健康发展。

（二）教学型大学的特征

1. 以本科教育为主体

我国的教学型大学主要以招收本科层次的学生为主，旨在培养具有本科学历的高级专门人才和高级研究型后备人才，拥有学士学位授予权。有的学校也拥有少量的硕士学位授权点，有的还招收一定数量的专科生。但硕士研究生和专科生人数在学校学生总数中所占比重较低。

2. 主要承担高等教育大众化的任务

教学型大学主要承担高等教育大众化的任务。教学型大学本身更多地承担的是一种高等教育大众化的职能。相比之下，可以说，教学型大学应是中国实现高等教育大众化的主力军。

3. 社会适应性强

一方面，教学型大学应立足于教学，培养大量的高级专门人才，以适应社会对各类人才的需要；另一方面，教学型大学应通过传播知识和应用知识为社会服务，利用地域优势，把科研成果转化为现实生产力，为地方经济发展提供巨大动力，以适应地区经济、社会发展的需要。同时，教学型大学也在为社会发展服务的过程中，不断从社会获得促进学校发展的动力和活力。

4. 重视复合型人才的培养

重视复合型人才的培养是教学型大学的重要特征之一。教学型大学的服务大多面向当地的经济建设，其科学研究必然是应用性的，不是某一学科所能够包含的，它必然是跨学科合作和多学科的联合，科学教育与人文教育并重，已经成为我国教学型大学进行复合型人才培养的共识。

第五章　不同类型高校学生管理模式的比较

虽然教学型大学的社会适应性强，培养的也都是复合型的应用型人才，但是我国高等教育在近些年的发展中，已基本形成多元化的高等教育结构体系，总体来讲具有四种生态圈：其一，由教育部主管的高水平大学组成的高等教育生态圈；其二，由省、自治区、直辖市管辖的重点大学组成的高等教育生态圈；其三，由省、自治区、直辖市管辖的一般院校组成的高等教育生态圈；其四，由高职高专院校组成的高等教育生态圈。前两种生态圈主要由研究型大学和教学研究型大学组成，其生态圈内的大学综合实力较强，占据着主导地位；第三种生态圈在数量上占绝对优势，此生态圈内的院校属于教学型大学，以本科教学为主，兼顾科研，是推动高等教育大众化的重要力量。这一生态圈内的教学型大学是本研究的主要研究对象。

可以看出，我国的教学型大学从行政管辖的角度来说，基本属于地方院校。在高等教育质量危机中，教学型大学面临更多的质疑。在我国高等教育的金字塔结构中，教学型大学处于底部，处于不受重视的地位。尤其是在现今的高等教育财政体制下，教学型大学在国家提供的财政经费方面与研究型大学和教学研究型大学的差距较大。就单个的教学型大学而言，大学之间不仅办学经费差异大，而且社会资本的差异也大；生源方面，教学型大学生源质量相对较差，且以本地生源为主体，生源结构相对单一；师资方面，师资数量不够，师生比过大，师资质量也相对较低，加之重点大学往往到教学型大学"挖人才""抢教师"，加剧了教学型大学师资状况的恶化。这些因素直接导致了教学型大学教育教学质量难以保证，学校和毕业生的社会认可度不高，与研究型大学及教学研究型大学相比，面临更多的质疑。

教学型大学在高等教育竞争中处于弱势地位，生存与发展面临挑战。一方面，由于教学型大学数量众多，他们面临着更为激烈的竞争；另一方面，由于国家实施"211工程""985工程"，大力建设一批重点的研究型大学和教学研究型大学，使得教育资源分配严重不均，导致教学型大学的办学条件、社会资本、教育质量等在高等教育生态圈中处于相对劣势的状态，竞争力不强，在竞争中处于弱势地位。这种竞争的弱势地位又导致其更加难以获得优质教育资源，形成恶性循环的态势。尤其是在当今高考生源数量下降的状况下，教学型大学的发展前景更加堪忧。一旦生源不足，将直接冲击学校的日常运行，甚至导致倒闭。对于部分办学质量欠佳、学生就业形势不好的教学型大学来说，必将面临更多的压力。面临这样的困境，许多教学型大学对自身的发展也感到困惑，看不清发展的方向，找不到发展的道路。教学型大学生存发展的最终出路应当是提高教育质量，凭借卓越教育质量实现可持续发展。

二、教学型大学学生管理模式的内涵

教学型大学不仅包括一部分具有硕士学位、学士学位授予权的本科院校，同时还包括各类从事专科教育、高等职业技术教育的学校。这些高校的学生管理模式以学生的技能训练为主，注重培养学生的应用能力；注重传播知识，通过传授知识，开发人力资源，提升劳动者的素质。这就决定了该模式以技能管理为主，培养生产、管理、服务一线的技术型、应用型人才。该模式要求学校的管理者要与用人单位紧密联系，走产学研结合的道路。培养应用型、技能型人才离不开企业和社会的参与、支持，建立开放式的、以就业为导向的学生管理模式是社会经济不断发展的必然要求。学校的其他管理、教学活动都围绕着学生的技能培训展开。如专业设置不是针对学科而是针对职业岗位或岗位群的。学科是相对稳定的，而职业岗位是千变万化的。因此，高等职业教育的专业设置应更多地以市场为导向，基于职业分析，根据职业的变化以及不同地区经济发展的不同需要灵活设置专业。相对其他模式而言，在整个学生管理中市场机制所起的作用更大一些。

三、教学型大学学生管理模式的构建

（一）组织结构——科层

鉴于教学型大学的内涵及特征，教学型大学学生管理模式的组织结构为刚性化的科层结构，这种组织结构以高校的行政权力为主导，高校利用行政权力对高校的教学资源进行整合，在学生管理过程中会关注本科教学的设计，会关注所制定的管理制度的统一性。

教学型大学学生管理的科层组织结构实行刚性集中的垂直化管理，高校会根据学校的实际情况制定适合本高校的人才培养目标，高校管理层则通过行政部门制定的管理规定和制度进行管理。因此这种金字塔式的科层组织结构能够将高校决策层的战略目标向下传递给基层的学校管理者，然后通过基层管理者再传递给高校学生，这样层层传递能够很好地贯彻执行高校的管理制度，科层组织结构形式下，处于学校管理中层的相关职能部门和院系起到承上启下的作用，其自主管理权限和空间不大。

教学型大学管理模式中的学术权利的影响力在三种类型的大学里最弱，科研活动和学术发展相比教学活动的权重也比较轻。因此，教学型大学的管理水平包括学生管理水平主要取决于学校的核心管理层，尤其是主要负责人的管理理念和管理方法。

（二）分层次管理学生

对于进入教学型大学学习的学生来说，有其多样化的特点，学生的文化知识水平参差不齐，但是能够进入大学的学生社会化程度会比较高，他们有很强的道德意识，有较大的自由度和较强的叛逆性，渴望被认可，另外，学生的意志力也不一样。高校学生管理者要根据学生的不同特点，使用不同的管理方式方法，多用鼓励的方式激励学生学习，磨炼学生坚忍不拔的意志，提高学生的素养。

（三）注重实践教学

和其他类型的大学相比，教学型大学的教学内容更加注重实用性，主要有以下几种表现。首先，在课堂教学方面实验实训类课程所占比重较大。研究型大学的实验课出于理论验证的目的，而教学型大学的实验课侧重培养学生的动手能力和独立解决问题的能力。其次，更加重视实习环节。实习环节通常在大四进行，由学校统一安排，学生主动向企业申请实习岗位，企业结合自身需要在申请者中择优录取，经学校审核后双方签订实习合同。最后，本科四年级的毕业设计环节，学校通常要求学生进入企业中完成。根据院系学科特点的不同，由学校出面联系所在区域相关企业，学生在学校办理完相关手续后与企业签订实习协议，在企业中做毕业设计。教学型大学的毕业设计环节旨在提高学生解决实际问题的能力，不仅要求学生独立设计产品图纸，还要完成样品的安装与调试。

（四）开展校企合作

教学型大学人才培养的目标是应用型人才，因此在学生管理中要融入实践教学，通过开展校企合作、建设实践基地等方式锻炼学生的动手能力，提高学生的实践能力，充分利用社会的各种资源，提升教学型大学的办学能力。

（五）紧跟市场变化

学生在学习过程中，有较多的时间参加集中或分散的专业见习、实习，并直接参加大量的社会服务活动。随着科学技术的迅猛发展，社会对人才的技能要求越来越高。因此，高等院校的技能培训，越来越需要提高档次，以适应人才需求的变化。在具体操作中，教学型院校应建立相应的实验实训场所和技能训练基地。

学校决不能凭自己的感觉设置专业，不能跟着感觉走。要经常到人才市场、劳动力市场及企业中去调查研究，去发现他们急需什么人才，急需什么技能的操作者，主动为他们定向培养人才，这样既帮助企业解决了人才问题又解决了学生的就业问题。

第三节 教学研究型大学学生管理模式

一、教学研究型大学概述

严格说来，教学研究型大学并不是一个精确表述的概念，还只是一种通俗的说法，它介于研究型和教学型大学之间，由教学型大学发展而来。教学研究型大学有什么特点，哪些大学属于教学研究型大学，目前还没有统一的规定和完全一致的看法。根据我国大学的实际情况和有关方面的研究，我们试从以下几个方面对其特征进行归纳。

①建校历史。教学研究型大学一般应具有一定的办学历史，因为重视学科建设和科学研究是教学研究型大学与教学型大学的重要区别，所以学科建设需要一定的时间，尤其是学术传统的形成有一个过程，不是短期就能够形成的。

②学校规模。教学研究型大学的学生规模一般不少于1.5万人，实际上，我国现有的教学研究型大学的办学规模多在2万人以上。

③学科建设。教学研究型大学拥有国家重点学科和重点实验室，并围绕特色学科形成了学科群，本科一级学科有效覆盖面在4个以上。教学研究型大学具有博士学位授予权，学历教育应该涵盖博士、硕士和学士等三个完整层次，在校研究生比例以超过15%为宜（研究型大学在校研究生比例应不少于50%），年授予博士、硕士的数量必须达到较高的规模（有人提出将每年授予10个以上的博士学位、200个以上的硕士学位作为最低标准），一些研究生规模较大的教学研究型大学还设有研究生院。

④教书育人。教学研究型大学的特点之一是教学与科研并重，因此，无论是教学型大学还是教学研究型大学，教学的中心地位始终不能动摇。教学研究型大学同样承担着从本科层次到博士层次学生的教学任务，教书育人仍然是此类型大学的特征之一。

二、教学研究型大学学生管理模式的内涵

教学研究型大学是介于研究型大学与教学型大学之间的一类学校。人才培养方面，教学研究型大学主要培养本科生，也培养一定比例的研究生，人才培养目标是技术应用型高级人才和创新型人才。科学研究方面，教学研究型大学能产出一定数量的高水平科研成果，科研成果的贡献主要体现在技术的应用研究和技术创新研究上。但教学研究型大学与研究型大学相比，最根本的差别是科学研究的档次和规模不如后者。

教学研究型大学学生的高考成绩一般，其他方面的条件如师资和实验条件等也没有研究型大学的水平高。其主要针对企业或者政府开展相关服务，为地方经济发展服务，培养企业和政府需要的应用型人才。教学研究型大学的培养模式中，更注重知识的融合与应用，即整理已有的知识并将其转化为现实的生产力。

教学研究型大学的重要任务之一就是传播知识，除此之外，也非常重视知识的转化和应用，在实际的生产中开展基础应用研究，使学生的实际应用能力和实践技能得到锻炼。因此，针对这种情况，管理系统的完整性和过程的控制性尤为重要。教学研究型大学的学生管理模式中，学生管理工作被认定为一个完整的系统，这是必须综合考虑各个环节的一种新型的运行机制，需要运用新的管理观念和思路对各个环节进行有效的管理和控制，最终实现管理目标。

三、教学研究型大学学生管理模式的构建

（一）组织结构形式——事业部制

管理重心的不同是教学研究型大学与研究型大学的区别之一。由于管理重心不同，管理权限的授予对象也不同，这与大学的价值取向息息相关。研究型大学的学生管理重心往往在学校或课题组这一层面，而教学研究型大学的学生管理重心在学院或系这一层级，带有鲜明的事业部制的管理特征。事业部制组织结构形式就是通常所说的学院制，学院有足够的管理权限后，既可以调度更多的外部资源，又可以根据其学科特点制定一系列有利于学院发展的政策和激励措施。同样，事业部制的组织结构有利于学院学生管理工作的有效开展。

（二）激发学生的参与热情

教学研究型大学的学生各方面素质都处于中等水平，受传统意识的影响较

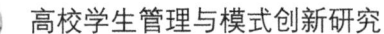

深，一直以来也习惯于被老师管理。然而，在服务和管理并重的学校氛围中，激发学生的参与热情，能使其发挥无限的潜能。

①高校要将学生管理的规章进行充分宣传，让广大同学知晓，让更多的同学了解管理的目的和意图，争取广大同学自觉的配合和支持，达到教育管理的预期目的。

②学校各职能部门应广泛听取学生的意见，接受学生的质询，加强沟通。这些活动能调动学生参与学校管理的积极性，有利于顺利解决学生面临的各种问题，保护学生的切身利益。

③充分利用学生社团、学生会组织发挥学生的主体作用。学生会组织既是学生充分发挥自身潜能、锻炼自身能力的最佳场所，又是学生工作者服务和管理学生的有利保证。

第六章　高校学生管理模式创新

社会和时代的进步促进了高校学生的素质水平趋于复杂化，这也对高校学生管理提出了更高的要求，在新形势下要探索高校学生管理模式的创新思路和方法，为我国高等教育的可持续发展提供良好的动力支持。本章分为高校学生管理模式创新的必要性、高校学生管理新型模式的职能、高校学生管理模式创新的路径三个部分，主要包括高校学生管理新型模式的教育职能、管理职能和服务职能，树立正确的学生管理理念、构建多元化协同管理的学生管理体系等内容。

第一节　高校学生管理模式创新的必要性

一、经济社会快速发展的必然要求

随着市场经济的发展和高校扩招，高校学生管理正面临一系列的转变，如学生工作的部分管理职能正在向服务职能转变；大学生就业正在由国家分配向自主择业转变；固定学制正在向弹性学制转变；经济困难学生的资助由原来的发放助学金、困难补助向助学贷款和勤工助学转变等。这一系列转变使原来传统的学生管理理念、管理模式的问题日益凸显，难以满足市场经济条件下高校发展的要求。而目前与之相适应的新的学生管理理念和模式尚未完全形成，这就为高校的学生管理带来了新的考验。

二、信息化时代发展的必然要求

在信息化迅速发展的今天，网络的发展和普及为高校学生管理提供了新的阵地和领域，提高了工作效率，为学生管理带来了难得的机遇。但同时网络也给学生管理带来了新的问题。一是由于网络信息的丰富性和开放性特点，学生工作者在获取信息的渠道、时间、数量上与大学生相比不占明显优势；二是网络的虚拟性、隐蔽性使得网络成为有害信息的滋生地和传播地，使得大学生难以判别和抵御，有的上当受骗，还有的沉溺于网上的虚拟世界不能自拔，这就为高校的学生管理带来了新的挑战。

三、适应我国高等教育发展的需要

高等教育的全球化给高校学生管理模式提出了更高的要求。在这种情况下，高校学生管理必然要与世界先进高校的学生管理接轨，用新的管理理念、管理体制、管理模式来适应时代发展的要求。同时，教学体制改革使学生管理面临新的变革。目前，全国各高校普遍实施了学分制。在学分制下，学生管理打破了学年制整齐划一的教学管理模式，学生管理工作不仅局限于本专业学生，还要管理由选修课程带来的其他专业或其他学校的学生。同时，学生管理除了对学生进行教学和思想生活管理外，还需要帮助学生构造合理的学科知识结构，指导学生由定向学习变为自主选择性学习。因此，学生管理必须实现由学年制下的指令性管理向学分制下的指导性管理的转变。

高等教育从精英教育向大众化教育的转变，是一国经济发展到一定阶段的必然产物。这种转变，并不仅仅体现在大学生量的变化，而是规模、结构和性质上质的不同，学生群体的异质性程度显著增加。在这一大环境下，就要求高等教育在注重全体学生获得知识和体验的同时，更要注重学生个体发展的差异，注重发现和开发学生的闪光点，强调给学生创造一个自主发展的空间，让其充分发挥个性优势，形成独立的人格和突出的个性。但目前高校学生工作仍然沿用"以管理为主"的工作模式和忽视学生个性的培养方式，在研究学生、服务学生、尊重学生个性方面还停留在意识层面，与高等教育大众化的要求不相适应，必须加以改革。

经济全球化是当今世界发展的趋势，作为"受经济发展制约"的高等教育，在经济全球化的浪潮中必然走向国际化。高校也必须根据经济全球化的要求，调整办学思路和人才培养目标，改变教学内容和方法，改革学生工作模式。近年来，国内外高校都把学生工作的重点放在大学生人文素质教育、学生考研、就业指导、法律援助、心理健康教育、勤工助学、社区服务等方面，强调对学生的指导和服务。国内外高校学生工作的经验表明，以服务为核心的教育管理观念是学生工作得以成功开展的核心所在。特别是国外高校在尊重学生的主体作用、加强对学生的指导和服务方面有许多值得我国高校学习和借鉴的地方。因此，创新高校学生管理模式应成为发展我国高校学生工作的突破口与重点。这既是总结过去、面对现实的理性选择，更是着眼未来的现实需要。

党的十七大报告中提出我国要优先发展教育事业，建设人力资源强国。伴随着我国经济的迅猛发展，在国际上地位的不断提升，各级政府都十分重视职业教育，纷纷优先发展高等职业教育，积极培养高层次的技术型人才。目前我国高校教育实现了历史性新跨越，我国高校学生的素质、培养等方面的情况越来越受到各行各业尤其是用人单位的关注。高校的扩招、素质教育、自主择业等一系列改革措施的出台，都直接影响着高校学生管理模式的实施，都促使学生管理模式要尽快适应新形势，以保证高校快速及时地培养能适应社会发展的技术型人才。

四、帮助大学生更好地适应社会环境

当代大学生多为独生子女，因而对生活的体验和感受不同于以往的大学生，他们时代感强，责任意识较弱；自我认同感强，实践能力较弱；参与意识强，辨别能力较弱；主体意识强，团队意识较弱；个性特点强，承受能力较弱。这些特点使学生管理工作面临着前所未有的挑战，大学生全新的行为方式和理念与传统的学生管理体制必将产生冲突，如不及时解决会使工作陷入被动。

如今，高校与社会之间的联系为本科生带来了更多发展自我、展示自我的机会，但由于社会上信息混乱，一些本科生放松警惕，出现上当受骗的情况。为此，高校应加强对学生管理模式的关注，增强本科生的安全意识，防止类似事件发生。另外，社会上的很多不良风气和言论会潜移默化地影响本科生的世界观、人生观、价值观，从而导致他们朝着不健康的方向发展。高校必须坚持预防为主的指导方针，从新的角度管理学生，增强他们的自我保护意识。所以，目前各大高校应更新教育管理理念，不断加强大学与社会之间的联系，不断创新学生的管理模式，完善高校管理制度，以帮助学生在毕业后获得足够的社会经验，更好地完成从大学到社会之间的过渡。

第二节 高校学生管理新型模式的职能

一、教育职能

教育职能是高校学生管理模式的根本性职能。高校的管理目标是为社会培养出合格有用的人，高校学生管理的对象是在校大学生，教育学生是它的基本职能之一。教育包括知识教育和成长成才教育，学生管理工作所进行的教育也就是学生的成长成才教育，与教学对学生的知识教育是有明显差别的。

高校学生管理不是单纯地为了管理而管理，而是为实现国家的人才培养目标而服务的。从这个意义上讲，大学生管理的教育职能就是培养国家需要的德、智、体、美、劳全面发展的人才，管理的目的就是育人。因此，高校学生管理新型模式中的教育职能，应充分重视育人功能的发挥，突出以育人为目的和指向的管理内容。以育人为目的和指向的管理内容一方面应体现在大学生管理过程中的人力、财力、物力等资源配置的方方面面，另一方面更应体现在对大学生进行教务管理、安全管理、行为管理、群体组织管理、就业管理、资助管理等学校各部门分属管理的方方面面。这就需要在大学生管理中处理好管理与思想政治教育的关系，将大学生管理与思想政治教育有机地结合起来，自觉地遵循教育规律，重视发挥思想政治教育在帮助大学生树立正确的世界观、人生观和价值观方面的作用，实现科学管理和有效管理。

二、管理职能

管理是一种行为，通常管理通过信息获取、决策、计划、组织、领导、控制和创新等职能的发挥来分配、协调包括人力资源在内的一切可以调用的资源，以实现单独的个人无法实现的目标。学生管理包含两个层面：一是对人的管理，即对学生个体和学生群体的管理；二是对事的管理，即对与学生相关的事务的管理。对学生的管理，主要通过教育、激励、组织等手段，让学生身心得到发展，使学生能够适应学校的学习和生活。学生管理工作的重点是对事务的管理，包括学风建设、思想政治教育、学生档案管理、学生违纪处理、突发事件处理、学生评奖评优、组织学生工作会议、制定学生工作计划等诸多方面。由于管理的内容多种多样，从活动形式上可简单归纳为学生思想品德管理、学习管理、生活管理、班级管理、学生自我管理以及学生评价等等。

管理职能是高校学生管理模式的必要性职能。在高校学生管理模式中，建立健全覆盖学生日常学习生活的规章制度体系并做到依章执行是十分必要的。

三、服务职能

服务职能是高校学生管理模式的基础性职能，主要是根据学生的个性化多样化的发展需求提供有针对性的辅导和服务。随着高等教育的发展，学生管理工作不再固守单纯的思想政治教育方式，开始借鉴西方国家高校学生事务的管理方式，即开始强调服务学生的职能。高校学生管理的核心在于服务，向学生提供满足其成长需求的各种服务，把教育与管理、服务结合起来，帮助其更好地学习、生活，从而实现全面发展。学生工作应为学生的学习与成长创造一定的条件，解决学生在学习、生活过程中遇到的实际问题，为其提供全方位的服务，将学生的需求作为工作的出发点和落脚点。

在国外，学生工作或者说学生事务包括招生、经济资助、专业选择、学生宿舍管理、健康服务、心理咨询、法律服务、权益保护和社会活动等多方面。许多学生事务管理的内容具有相似性和共存性，要重组它们的职能，形成新的服务体系。现在高校大都有以下几类服务：招生宣传与咨询（学校开放日活动）、新生入学教育、学籍管理、学习指导、社会资助、勤工助学、心理咨询、就业指导、提供活动场地等。

①招生咨询服务。随着高等教育体制改革不断深入，高校招生咨询已成为高校招生工作的重要环节，是高校学生工作重要的服务内容之一。高校招生咨询工作，不仅是高校服务考生的窗口，是高校推介自身的途径和联系社会的重要纽带，也是高校引导广大考生认识本校、报考本校，最终成为本校学生的重要途径。高校要利用自身资源，努力建成一个全方位、多层次、立体型的高校招生咨询体系，为全国各地有志青年报考本校提供优质服务。

②学生入学指导服务。主要包括向新生及其家长宣传本校本专业的教育概况，为学生适应校园生活以及利用校园教学与生活资源提供指导，帮助新生重新寻找自己的定位，使之尽快完成角色转变，适应新的学习生活环境，为圆满完成

学业奠定良好的基础。对新生的入学指导还包括为新生提供一定的心理辅导、心理测试等服务。

③思想道德引导服务。学生工作肩负有开展思想政治教育的重要使命。我们要通过有效途径和大家喜闻乐见的形式，开展爱国主义、集体主义和社会主义教育。进行思想政治教育要尊重思想政治教育的基本规律，要采取人性化的、软性的教育手段熏陶学生、引导学生，特别要利用重大的节日和事件，对学生进行有针对性的教育。同时，要重视大学生政治素质的培养，切实提高当代大学生参与公共生活、公共管理的意识和能力，为建设社会政治文明奠定坚实的人才基础。

④身心健康服务。包括身体健康指导和心理健康教育，除定期体检外，还要给学生提供健康知识，鼓励学生积极参加有益的文体活动，在文体活动中促进身心的成长。依托心理健康教育与咨询中心，帮助学生了解心理知识、洞察心理世界、预防心理疾病、挖掘心理潜能，从而提高心理素质，解决学生在学习和生活中遇到的各种心理问题。

⑤日常生活服务。学生不仅是受教育者，也是教育投资者和消费者。要为学生提供各种生活服务，改善生活环境，对学生社区进行物业化管理，健全社区功能，构筑集娱乐、购物、健身为一体的文化社区。我们应注重在生活上关心学生，处处从学生角度开展服务工作。如为每个学生设立校园网络账户或"一卡通"，供他们实时查看自己的注册信息，学期选课情况，每门课的成绩、学分，就餐购物消费情况等，为学生的自我规划和自我管理创造条件，充分体现学生工作"以学生为本"的教育服务理念。

⑥学习指导服务。要注重建设优良的学风和校风，提供有利于学生学习的设施和条件，创造有利于学生学习的氛围和环境，满足学生学习方面的需求；要因材施教、因人施教，当学生出现学习方面的问题时，辅导员、班主任要进行个别指导，或指定专业教师给予帮助；要通过举办学术讲座、学习竞赛以及鼓励学生通过国家英语、计算机等级考试和职业资格证书考试等形式，调动学生的学习积极性；要教育学生学会学习，学会使用学习设施，利用好图书馆，善于使用因特网等现代手段获取知识，增强学生学习的兴趣。通过成立领导机构、设立资助奖励基金、建立科研项目管理制度、开设创新课、设置素质教育学分、建立创新实验基地、举办科技竞赛、发展学术社团等手段，建立健全领导体制、管理体制、活动体制，为学生创造开展学术研究的机会和条件，培养他们的科研能力和创新

创业精神。同时，组织各种形式的活动，广泛地利用社会的力量，为学生的社会实践提供宽广的舞台。

⑦权益维护服务。为维护学生的权益服务，树立依法管理、民主管理的思想，通过合法的形式，积极反映学生的心声，维护学生的正当权益，与侵害学生权益的行为做斗争，真正成为保护学生权益的代言人。

⑧就业指导服务。为学生的就业服务，帮助学生转变就业观念，通过各种形式增强学生的就业本领，开发学生的就业潜力，实现学生从人力资源向人力资本的转变。帮助学生找到能发挥自己聪明才智的职业、规划职业生涯成为服务学生的重要内容。就业指导主要是把就业安置和职业生涯规划结合起来，成立就业指导中心，具体职能包括指导学生进行自我评价、专业定向和职业定向，提供就业信息，指导学生参加实习、实践和开设就业指导课，传授求职择业技巧，推荐介绍学生参加就业与职业交流洽谈会，组织校园招聘与面试活动，指导毕业生通过多种渠道就业和为校友服务等。

⑨经济资助服务。高等教育不是义务教育，高校实行缴费上学制度，难免让一些贫困学生面临无法上学的困境，这些学生需要获取经济资助，高校学生工作应通过提供国家助学贷款、奖学金、助学金、学费减免和扩大勤工助学的途径等方式，帮助他们克服经济困难，顺利完成学业。还可以通过开设新生入学绿色通道、开辟勤工助学渠道、建立助困基金、吸纳社会救助资金、设置各类奖学金、成立助困中心等形式，为学生提供有效的经济资助服务。

⑩后续发展服务。即对毕业校友的服务，包括毕业后的再教育和毕业后的再服务。毕业后的再教育包括学历教育和技能教育，学历教育包括专科升本科、本科生考研究生、硕士生攻读博士、博士进流动站做博士后等；技能教育包括毕业参加工作后的长、中、短期各类业务培训。毕业后的再服务包括留学服务和跟踪服务，留学服务包括咨询、指导、推荐和提供相关学历资料等；跟踪服务包括毕业生跟踪调查、提供技术支持、协办创业基地等。

随着高等教育大众化的发展，大学生结构发生了较大的变化，社会的进步使得他们的主体意识增强，需求和个人思想行为日益多样化。尤其是高校实行学生缴费上学，学生主体地位进一步明确。学生逐渐习惯于根据其利益来评价和要求学校的各项工作，包括学生管理工作，对交往、精神和发展需要的满足等，已经成为学校能否赢得学生信赖和支持的重要因素。这种变化要求学生工作必须从学生全面发展的实际需求出发，以学生为中心，把教育、管理融入服务之中。学生的教育、管理也是服务于人才培养，帮助和促进个体全面发展的，其最终目的都是促进学生的全面发展，离开了促进学生发展这个核心目的，教育、管理就会变得没有意义。这是一切学生工作的出发点和落脚点。教育、管理、服务是手段，三者相互糅合渗透，双向互动，促进学生全面发展是核心目标。

总之，高校学生管理新型模式的三种职能中，教育是管理的前提，管理是教育的手段，服务是教育与管理的有效体现。教育、管理和服务作为手段，始终体现在学生管理工作过程之中。要把教育、管理作为服务的支持和保障，在服务的观念下实施教育和管理，根据教育要求和学生成长的需要，优化学生的学习、生活环境，为学生成才、成功创造必要的条件。通过教育、管理和服务的有效整合，发挥学生的主动性，激发学生的潜在能力，从而将教育、管理和服务最终落实到促进学生全面发展的目标上来。在学生发展理论的指导下，正确认识学生工作存在的问题，处理好教育、管理、服务与学生发展之间的关系，已经成为高校学生管理变革的突破口。

第三节 高校学生管理模式创新的路径

一、树立正确的学生管理理念

俗话说"纲举目张"，树立正确的学生管理工作理念是高校创新学生管理模式的前提。根据实际情况，高校需要树立"以学生为本""为学生服务"和"全过程"等管理理念。

（一）树立以学生为本的管理理念

马克思在他的著作中提道："人的本质并不是单个人所固有的抽象物，在其现实性上，它是一切社会关系的总和。"这是马克思主义唯物史观的一个重要命题。以人为本是一种价值观的表现形式，它把人的本质作为最重要的东西，把人作为一切工作的基础，考虑从人本身的需求出发，以实现人的价值为最终任务。放到学生管理工作中，就是要以学生为基本出发点，把学生的个人发展放在首位。主要表现在以下几个方面：①强调尊重学生的主体地位；②充分尊重学生的需要，把学生关心的问题和需要解决的问题当成最重要的事情来处理，满足学生的合理需要；③肯定学生的价值。在以人为本的管理理念中，学生的价值必须肯定，这是以人为本管理的基础。作为现代教育管理的一个十分重要的思想，以人为本的管理理念激发的是人的主体性和创造性的统一，强调了社会发展与个人发展的统一。

将"以人为本"的管理理念贯彻到高等学校教育实际过程中就是"以学生为本"的现代教育观。这一教育观念的基本内容就是要理解、尊重、服务、依靠和相信学生。就是要把学生这一教育服务的对象，真正作为学校工作的主体，所有的工作都围绕着学生工作这个重心开展，充分地考虑到学生的需要，并促进学生个人的发展；要把培养学生的综合素质作为衡量和评价一切学生工作成败的唯一标准，高度重视学生综合素质的提高，努力使学生的受教育经历得到个性化的发展，成为一个完整的社会人，使学生在受教育的过程中能树立起正确的人生观、世界观和价值观。

教育工作的最终目的是推动人类社会不断地延续和发展，但这一目的是通过培养社会所需要的人来实现的。因而各高校在围绕本校的发展战略构架出明确的工作理念的同时，在学生管理上应树立以人为本的理念，以学生为本，为出发点、落脚点和归宿，注重学生的个性发展。同时，在学生工作中注意管理和服务思想并重。

1. 注重学生的创新性发展和个性化发展

新形势下的学生管理工作要突出学生的主体地位，尊重学生个性的张扬与优化。全面注重学生创新意识和综合素质能力的培养，实现学生的多层次多维度的成才目标，全心全意地服务于学生的各方面，充分尊重学生在管理工作中的合理权利、主动性、积极性和创造性。具体可以通过理想信念教育，为学生进行自我选择和自我调整提供精神动力和行动指南；通过正面引导、反面惩戒来进行学生的需要诱导，即从道理上说服学生，促使学生明辨是非，权衡利弊，从而使学生正确规范自身行为，调整自己在学习、生活中的需要；通过动机激励、过程磨砺、利益驱动来进行学生的需要驱动，激发学生内在成才动力。

2. 注重体现学生的主体地位

要根据"依法治校、科学管理"的要求，一方面，明确地告诉学生，他们在学校里享有什么样的权利，在充分享有权利的同时不能忽视应尽的义务；另一方面，对学生的合法权益要予以维护，针对学生的决定，要做到程序正当、证据充足、依据明确、定性准确、处分恰当，学生对学校的处理享有陈述、申辩和申诉权，学校要有明确的程序，使他们在开放的环境中健康成长，从而建立起一种师生互动、沟通频繁的有利于学生积极主动参与管理的新机制。

3. 实行人性化管理

高校是培养和输送人才的重要阵地，始终担负着为社会培养高素质的建设者和接班人的神圣使命。在现行的高校学生管理中，管理目标的抽象化和格式化也是高校学生管理的一大弊病。高校学生管理与学校的其他工作目标是一致的，都是为社会培养人才。

人性化管理是以情服人来提高管理效率的，人性化管理风格的实质就在于充分尊重被管理者的自由和创造才能，从而使得被管理者以满足的心态或以最佳的精神状态全身心地投入学习和工作当中去，进而直接提高管理效率。人性的管理是情、理、法并重的管理，而不是放任管理，也就是我们提倡的教育人性化。对高校学生实行"以人为本"的管理模式抓住了学生管理中最核心的因素，因为学生管理就是人的管理。人的需求、人的属性、人的心理、人的情绪、人的信念、人的素质、人的价值等一系列与人有关的问题均成为管理者悉心关注的重要问题。这是高校学生管理的出发点和落脚点。

高校的基本职能之一就是为社会培养人才，大学生已经具有了成为国家栋梁的基本潜质和条件，在教育和培养的过程中，要充分调动大学生的主动性、积极性和创造性，为他们提供能激发创造性和自主创新性的氛围。而要实现这一目标，高校学生管理就必须是人性化管理，实施"以人为本"的管理模式。首先要转变教育管理观念，树立科学的人才观。切不可用一种人才模式去苛求学生，限制学生个性的发展。学生管理工作者要有着眼于未来的战略眼光和不拘一格育人的胆略。其次是要着重提高教师的综合素质，强化管理者的人格魅力。

在新形势下，主观上学生群体已经逐渐不再接受传统的高校学生管理模式，客观上高校管理所面临的形势也不能使这样一种模式维持下去。招生规模的扩大，个性培养和创新教育日益被高校所重视等，这些因素都要求高校学生管理必须抓住"学生"这一根本，转变管理理念，提高教师的综合素质，强化管理者的人格魅力。进行人本化管理，其实是对教师尤其是学生管理者提出了更高的要求。以人为本，促进高校学生管理和谐发展是时代的发展适应大学生全面发展和个性发展的必然要求。构建和谐社会、和谐校园，新时期学生的思想特点等使得以人为本的管理模式成为必然的选择。

（二）树立为学生服务的管理理念

当今世界，教育已经成为一种服务。世界各国的教育业都努力提高教育服务的水平和质量。对我国高校而言，这种理念需要不断推广和完善。在以人为本的教育管理模式下，必须强化将教育作为一种服务的观念。学生是学校最主要的服务对象，是教育工作的主体。学校的各项工作目标就是要为学生提供优质的教育资源和教育服务，使得整个学校构成一个完整的服务机构，为学生创造有利于学生成长成才的良好环境。学生管理工作是这个服务机构中的重要环节。

随着高等教育自费的普及，教育已经作为一种消费形式呈现在国人眼前。大学教师的主要任务是帮助学生学习知识、管理知识。教师和学生之间的关系是平等、民主的关系，必须摒弃传统的师道尊严和严格管理的思维，树立为学生服务，关心爱护学生的理念。站在学生的角度来看待学校的管理，使学校的管理模式更加适应学生的特点，让学生可以有更多自由的空间来发展个人才能。

如何提高教师服务学生的能力和水平呢？首先，高校的学生管理者应当树立服务意识，从思想上和作风上彻底改变高高在上的姿态，充分尊重学生的人格和尊严，对于学生提出的合理要求要想办法予以满足，为学生提供一个良好的学习环境，做到真正地热爱学生，发自内心地关心学生的个人成长与发展。其次，作为学生管理人员要有正确的教育思想和科学的管理理念；要有民主意识，要有兼容并包的思想，尊重学生的在学术上的不同见解和对人生的不同看法，使学生习惯学校的管理模式，乐于接受学校管理行为给他们带来的有益的熏陶，从而促进学生学识的提高和身心的健康发展。

当然我们目前的学生管理工作并不完善，无论在服务内容和服务水平上，距离这种"服务"的标准都还尚有不小的差距。这就给我国高校的学生管理工作提出了更高的要求。毋庸置疑，增强服务意识，提高学校各职能部门特别是学生管理工作人员的服务水平和基本素养，对于推动学校体制改革，建立有效的新型学生工作管理模式都是有百益而无一害的。

（三）树立全面的服务、教育、管理一体化理念

学生工作者应先以服务者的姿态出现，树立服务意识，在情感上无疑会拉近与学生的距离，容易得到学生的信任和理解，并在实施服务过程中形成对等交流的气氛，由此产生双向互动的效果。把服务作为管理的先导表现为学生工作者树立"以学生为本"的意识，了解学生普遍关心的问题是什么，学生迫切需要解决的问题是什么，进而在管理过程中对症下药。

树立服务意识还体现为，为弱势群体学生服务，为他们提供奖助学金和经济援助，以解决其后顾之忧。随着高校收费制度的实行，高校中有一部分学生的家庭条件比较艰苦，不能承担大学学费，作为学生管理者要树立服务意识，关心这些困难学生，帮助他们解决经济困难。通过设立奖学金、为贫困学生申请贷款、提供勤工助学岗位、实行缓期交费制度和给贫困生发放补贴等帮助贫困生渡过难关。

我们这里讲树立以人为本的理念不是把管理抛到一边，只讲服务，而是要以学生管理为依据，在管理的支持下实施服务。在学生工作中，涉及管理的地方还应发挥出管理的功能，将管理作为服务的支撑和保障。这样既能更好地为学生提供服务，同时又能更有效率地实施管理。

为学生的成长和成才创设良好的氛围，促进学生发展，从而服务于高校培养人才的使命才是学生工作关注的重点。以学生为本，牢固树立为学生服务的理念，紧紧围绕着学生的需求，构建顺应学生发展的教育、管理和服务三位一体的学生工作体制，是学生工作可持续、协调发展的必然选择。学生规模的不断扩大，学生工作职能的不断丰富，学生事务的不断增多等导致了校级管理不顺畅，缺乏系统性与灵活性，不利于学生的全面发展。因此要树立学生工作的教育、管理、服务一体化的理念，树立以学生为本的理念。学生管理工作者被赋予了多重角色，他们既是管理者、教育者，更是学生的服务者，这就要求把教育过程、管理过程和服务过程相结合，使三者相互渗透，互相促进。

（四）树立"全过程"的管理理念

高校为强化学生的技能训练，按照教学计划，每个专业基本上均建立了校外实训基地，而目前实训基地的学生管理工作基本上属于空白。因此为填补实训基地学生管理工作的空白，高校的学生管理模式必须树立"全过程"的管理理念，即在实训基地继续对学生实行相应的管理，可从以下两个方面进行尝试：

一是要求在实训基地的学生成立临时管理机构,如组建学生临时党支部,由党支部在教师的指导下,带领学生在实训期间组织开展学生的自我管理;二是实行实训基地的"导师负责制",即由实训基地的技师或工程师按照一定比例对实训的学生进行技术及实践操作上的管理。高校贯彻"全过程"的管理理念具有重要的意义:一是体现了学校对学生"扶上马送一程"的殷切期望,使学生尽快适应社会;二是在延伸"服务学生"的管理理念的基础上,达到了"学生发展"的管理目的。

(五)树立民主化学生管理理念

现代高校学生是一个具有较高素养的特殊社会群体,他们对事物的认知有着别具一格的见解,反感管理者的命令式的管理。因此当前在学生管理中我们必须强化民主观念,彰显人文管理精神。学生管理中学生的主体地位不可动摇,要做到一切为了学生,爱护学生、理解学生、尊重学生,努力营造平等、民主的育人氛围。而且要让学生在管理活动中参与管理,参与决策,从而使管理者和被管理者为实现共同的目标而奋斗。

当今社会在不断地进步和发展,大学生的思想观念、道德行为、价值取向等发生了深刻的变化,要引导学生加强自我管理,提高他们未来的生存能力和发展能力。在当今社会,高校教师既要教书育人,还要管理、指导学生,使学生养成正确的学习生活习惯,树立正确的人生观、世界观、价值观。

二、构建多元化协同管理的学生管理体系

在正确的管理理念指引下,高校的学生服务体系结构是否合理、运转是否顺畅有效,直接关系到高校学生管理模式的实际执行效果。

(一)完善学生管理体系

高校应充分发挥学生会、社团联合会和各书院的作用。这些组织与学生有着直接的接触,他们的一些活动都可直接影响大学生的心理。因此,高校要想完善和创新新时代的学生管理模式,就应该从学校的各个组织入手,努力创建更高质量的学生群体,让他们带领其他大学生不断完善思想教育工作。要充分发挥学生会和社团联合会的主观能动性,使他们对学生产生影响。另外,在丰富校园文化的同时,要加强思想教育培训,从而帮助学校更好地完善新时代的学生管理体系。

（二）完善学生管理体制

基层院系学生工作管理的有效开展离不开院系领导班子的大力支持。院系学生工作管理体系建设首先要安排院系班子即专门领导全面负责学生工作管理，同时院系党政领导也要亲自抓。建立党政领导共同负责学生工作管理的领导机制，可以全面整合院系各部门的力量，使得院系教务、行政等各部门分工协调，促进基层院系学生工作管理有序开展。在院系党政领导的共同负责下，使学生工作管理既不是单纯的思想教育工作，也不是单纯的行政管理工作，而应该既是思想教育工作，又是行政管理工作。为了确保党政共同负责落到实处，可以在院系党政联席会议上单列一项学生工作管理，用以保障学生工作管理顺利、高效开展。

需要说明的是，各项工作的开展需要学校学工处发挥指导功能。同时，学校有必要赋予院系学生工作管理部门一定的行政权力和主动权，否则，仅作为与院系同级别的职能部门，其各项工作极有可能得不到有效开展，导致院系学生工作管理部门的职能与目标存在距离，从而达不到预期的管理目标。

院系基层学生工作管理必须建立在配备完善、工作得力的学生工作管理机构的基础上。长期以来，院系的学生工作管理机构虽然采取了不同的设置形式，但是无论采取哪种设置形式都必须满足学生受教育的需要，满足一定的设立条件。比如，是否适合学生全面发展，是否能使学生工作管理人员顺利开展工作，是否能够使得院系学生工作管理部门达到预期的目的。

要加强院系一级的领导和管理。在机构上，成立院系学生工作管理办公室，与学校学生工作管理处相对应，院系党政负责人共同对本院系的学生工作管理负责，院系学生工作管理办公室的常务负责人是院系党委（党总支）副书记。成员包括院系学生工作管理办公室主任、团委书记、年级辅导员等，需注意的是，院系一级的本科生学生工作管理由党委（党总支）副书记负责，而一些高校的研究生学生工作管理由党委（党总支）书记负责，那么在管理中应当由院党委（党总支）书记对全院研究生、本科生的学生工作管理负责，在具体工作中一定要统筹兼顾、理顺研究生和本科生的管理机制。

目前，由于大学生数量不断增多，事务量也在增大。虽然近年来学生工作管理组织进一步扩大，学生工作管理人员数量进一步增多，但是院系学生工作管理人员既要应付日常的学生工作管理，也要随时处理突发事件，往往有些力不从心。

为此，院系学生工作管理部门应当以管理职能化、规范化为目标进行部门设置，细化管理职能，以更好地满足学生的需要。具体来说，院系层面要成立或者设立以下几个与学生利益相关的办公机构。

①成立院系资助工作办公室。在院系层面上成立院系资助工作办公室，专门负责管理院系学生的各种经济资助事务。具体职能：做好与学校的资助管理办公室的任务衔接，同时，根据本学院的专业特点与有意向资助的单位进行联络，负责资助信息的收集和发布。同时，要做好学校奖学金、助学金的发放工作，适时提供一些勤工助学岗位信息等。

②建立院系心理健康辅导室。当前由于经济社会快速发展，学生的心理健康问题越来越具有独特性和复杂性，当代大学生需要专门化的心理辅导。院系直接接触学生，需要成立针对各院系特点的专门的健康和发展咨询部门，配备既了解心理辅导知识也了解本院系特点的专门人员。院系层面上的心理辅导室，可以借助学校心理辅导中心的力量，为本院系的每个学生建立心理健康档案，使得院系心理辅导工作成为学校心理辅导的有效补充，同时，也能在第一时间为院系学生提供心理帮助。

③成立院系就业创业指导中心。在院系层面设立就业创业指导中心，其职责是利用相关学生工作管理人员的专业优势，指导院系学生制订职业生涯发展规划，为毕业生提供与专业相关的求职技能和就业信息，指导学生从事创业活动等事务。院系就业创业指导中心应加强与学校就业创业指导中心的合作，利用院系的专业优势，加强与相关企业的联系，为学生提供高质量的就业创业服务。院系就业创业指导中心要牢牢抓住就业创业服务和就业创业指导这两条主线开展工作，做到重点关注、重点服务、重点推荐，谋求整体突破，提高毕业生就业率。

（三）实现管理模式的法治化

1. 加快高校学生管理法治化进程

这是实现学生管理模式法治化的前提和基础。推进管理法治化是纠正高校学生管理制度建设弊端、堵塞制度漏洞的有效手段。学校教育是对"人"的教育，对人的教育必须建立在尊重人的基础之上，而对人的尊重首先是对人的权利的尊重。长期以来，教育道德化是我们一贯坚持的教育理念。在教育过程中，权利的设置和运用常常只受道德标准的衡量与限制，而缺乏法律的规范。但在依法治国的环境下，学校与学生之间的关系已经不再是一种简单的管理者与被管理者之间的关系，而是一种对应的权利义务关系。因此，我们应当将教育关系作为一种法律关系来看待，应当将尊重受教育者的合法权益作为教育者的首要义务，在行使教育管理权时，首先考虑的不应当是如何"处置"受教育者，而应当是这样处置是否合法、是否会侵犯教育者的权利，真正将受教育者作为一个平等的法律主体来对待。这才是我们需要的符合时代发展要求、体现现代法治意识的教育理念。高校学生管理的法制化需要管理者提高法治意识。高校管理者具有良好的法律意识是严格依法办事的重要前提，它可以促使管理者在依法行使自己管理职权的过程中，尊重和保护学生的法定权利，避免对学生的侵权。高校应该通过进行法学理论方面的专门化培训，敦促管理者自学等方式，培养管理者的法律意识，尤其是民主思想、平等观念、公正精神、法制理念等，从而自觉用法律法规来规范自己的言行，在管理工作中公正对待学生，尊重学生权利。同时，外聘一些司法工作者组成学生法律援助组织和仲裁机构，并与司法部门建立联系，协同接受各类申诉，立案处理一些案件，形成法治化的育人环境。

2. 建立正当的管理程序

这是实现高校学生管理模式法治化的关键所在。在具体的管理行为中，实现法治化的重中之重在于程序。这就要求，在处分学生时要及时将处分意见送达本人，确保学生的知情权不受侵犯；建立听证制度，充分保证学生的知情权；建立申诉机制，使学生有一个为自己辩护的机会；建立司法救济机制，保障学生的合法权益。正当程序原则可以追溯到英国普通法传统中的"自然正义"原则。从保障学生权利和维护学生尊严的角度来看，正当程序有利于保障学生的权利，特别是涉及学生的基本权利时更是如此。没有正当程序，受教育者在学校中的"机会均等"就难以实现，其"请求权""选择权""知情权"就难以得到保障和维护。另外，如果仅仅从工具性价值来理解正当程序的话，那就贬低了正当程序的价值。程序不能只是达成实体正义的手段，程序具有自身独立的价值。

3. 建立科学的学生管理评价体系

这是实现高校学生管理法治化的重要保障。高校对学生的约束，主要依据是法律标准。特别是在学生处分问题上，道德品质评价不能作为处分学生的依据。在对学生进行处分时，要就事论事，事实清楚、程序正当、依据明确、定性准确。在此问题上，我们要改变既往惯常对问题学生进行处分的教育管理模式，发挥思想政治工作的优势，在处分前要注重对学生的不良思想倾向进行引导，在处分中要加强对学生的思想教育，调动学生主体的自我教育功能，引导学生强化社会责任感，处分后要做好后续的管理和服务，给予学生更多的人性化关怀。通过把思想教育"软件"与刚性管理"硬件"密切结合，营造良好的育人环境。另外，一直以来衡量高校学生管理好坏的重要标准是管理效率的高低，对公平、正义的维护则显得不够。确立科学的学生管理评价体系就是不仅要实现"管住人"，还要"管好人"，以德服人，以理服人，维护学生的正当合法权益。

4. 构建多元化的学生权益救济机制

学校对学生的严重处分，不是对学生宪法上受教育权的剥夺，而仅仅是对该学生在一个特定教育机构接受教育过程的终止，不涉及学生宪法权利的保障。因此，在构建不服处分的救济制度上，不需要考虑宪法上的救济即宪法诉讼或其他违宪审查方式的问题，但是要考虑高校对学生的管理，在很大程度上具有行政管理的味道，法律、法规、规章对高校行政处分权的行使规定了严格的条件。行政处分的法定性特征具有对行政处分实施普通法律上救济的条件。就高等学校行政处分纠纷案件而言，行政诉讼和包括教育行政复议、学生申诉制度、教育仲裁制度、调解制度等在内的非诉讼机制都是学生可以利用的权益救济方式。建立多元化的学生权益救济机制，既是以法治校的重要体现，又是避免学校陷入司法审查陷阱的必要手段。

三、拓展多样化的学生管理渠道

高校的在校学生能够快速接受新事物，为此，作为高校的学生管理工作者也必须适应管理客体的变化，在实际工作中创新使用多元化的学生管理工作方式方法。

（一）实施"多渠道"学生管理沟通方式

高校要在学生参与学校学生管理的方式方法上进行大胆尝试。根据目前的实际情况，高校可通过以下方式实现学生参与学校学生管理。

①建立学生代表列席学生管理工作月例会的制度。高校分管学生工作的副书记或学生管理部门组织召开学生管理月度例会时，可安排有关学生代表参加会议。

在参会时，学生代表可以参与有关事项的讨论，提出自己的意见或看法；对于学生代表持有不同意见的会议议题，会议不可做出决定，可由学生代表会后征求学生意见后反馈给有关部门再议。

②每学期不定期召开学生管理工作沟通会。以座谈会的形式进行，参与会议的人员为学校管理部门的工作人员及学生代表；会议的主要内容为听取学生代表对学校学生管理工作的意见或建议，会议对意见或建议能当场解决或答复的，要当场处理，不能及时解决的要在限定期限内答复学生。

③在其余时间段内，高校可通过设置学生意见收集箱、在校园网上开辟专区等方式，随时收集学生对学生管理工作的意见或建议，并答复学生。上述会议的参会学生代表可从如下方法中选其一进行确定。一是校方发布通知，明确学生代表的参会条件及参会名额，鼓励学生公开报名，依照报名顺序确定后邀请其参加会议。二是通过定向方式，指定学生参加会议。三是邀请经各系学生选举出来的学生代表参加会议。四是按照一定规则随机抽选，邀请被选中的学生参加会议。无论是哪种方式，都要保证确定参会学生代表的过程公开透明，并保证参会学生代表的"五湖四海"。

通过这样的方式，一方面可以拓展学生参与学校学生管理工作的通道，另一方面，经会议通过并确定实施的议题，由于其内容经过了学生代表广泛的民主讨论，在执行过程中，参会学生代表自然成为该决议的推动者、宣传者，从而使决议执行得更加顺利。

（二）以高尚的校园文化引领学生

环境是人们赖以生存和发展的自然条件和社会条件的总和。校园文化环境是指与校园文化的形成与发展密切相关的外部条件。校园文化环境包括校园的物质环境和校园的精神环境两部分。校园的物质环境是以布局成型的姿态出现的物质环境，主要是指校容，如建筑物的布局，室外的绿化等。校园的精神环境主要是学校的传统习俗、校风、人际关系、心理氛围、文化品位及活动构成的气氛等。人的发展及才能的养成是遗传、教育、环境共同作用的结果。人不仅受他们所处的环境的影响，也在不断地改变环境。这个环境又进一步地影响他人和自己。就学校而言，这种对人的发展以及才能的养成产生影响的环境，就是校园文化环境。校园文化环境对学校的教育工作及师生员工的生活有着不可低估的作用。开展多元化的学生集体活动能够培养学生崇高的理想和高尚的道德情操，能够使学生的兴趣爱好和特长得到良好的培养和充分的发挥。在一个健全的集体中，学生的不良习惯及意识也比较容易克服，因为集体的优良作风对学生思想品德的形成和发展能起到巨大的促进作用。要充分调动学生的积极性、创造性，设法激发学生的思维兴奋点，组织开展丰富多彩的集体活动，在集体活动中教育、培养每个成员的集体主义精神，通过各项活动，积极发挥和发展学生的才干及特长，使活动和教育融为一体。

四、建设科学的学生管理评价体系

为衡量高校学生管理的实际效果，需要建立一个科学合理的多元化管理评价体系，以便对高校学生管理情况进行客观公正的评价。

（一）构建多元化的学生管理评价主体

从学校外部来看，高校学生管理评价的主体主要包含政府即高等教育主管部门、用人单位等两个评估主体，被评估的对象均为高校。从学校内部来看，高校学生管理评价的主体则包括校领导、职能部门、系或学院等二级单位、辅导员、学生和实训基地等六个评价主体。

1. **外部评价主体**

教育主管部门主要关注高校的综合实力并通过高校的评估工作对学校进行全面的评估、评价，重点对学生管理模式中的素质教育、学生管理的基本情况、就业率及社会声誉等四个指标进行评价。用人单位则主要关注高校毕业生的整体能力和职业素质或职业操守，重点关注学生的综合素质指标，并可对毕业生质量和学校的社会声誉进行评价。

2. **内部评价主体**

作为高校的校领导，既可对所有的学生管理评价指标进行评价，又可对负责学生管理工作的中层干部及其工作业绩进行评价；实训基地应对学生在实训基地的表现情况进行评价，作为学生综合素质指标中的重要组成部分；职能部门及二级单位则可对学生的综合素质情况进行评价；二级单位与学校职能部门可以相互评价；学生可对二级单位及学校职能部门的工作情况进行评价。

（二）设置多元化的学生管理评价指标

鉴于高等教育部门对各高校的评估工作已经有了完善的流程、成熟的方法和健全的指标，因此在这里暂不对主管部门的评价指标进行探讨。而高校学生综合素质的评价指标可以满足用人单位的关注需要，因此下面仅对内部评价主体的评价指标设置进行探讨。

高校在设置评价指标时，要按照分层设置、全面公平的原则来确定指标设置的总体架构，同时又要兼顾阶段性操作原则，如学期考核和学年考核相结合，考虑考核指标可以实现量化考核与定性考核相结合的原则，同时兼顾各评价主体均可参与考核的原则。

由于各高校的具体情况不同，因此暂不对学生管理模式评价体系的整个评价指标设置进行详细阐述，而是将以学生为评价对象的学生综合素质的评价指标设置作为例子进行说明，以便阐述管理模式评价指标的设置思路和方法。结合高校学生在实训基地工作的时间较长、社会对高校学生的技能要求等要素，笔者认为高校的学生综合素质评价指标体系应分三级设立，才能全面反映学生的思想道德素质、身心素质和专业素质。即学生综合素质的一级指标为道德、心智、技能等，在每个一级指标下再设置二级指标和三级指标。

按照上述原则，对目前执行的学生综合素质评价体系进行研究后，提出如下优化、改进建议：一是在技能考评方面，降低学生在校成绩比重（考试课成绩由80%的比重降低为50%的比重、考察课成绩由20%的比重降低为10%的比重）、增加学生在实训基地的职业技能评价（将其占比确定为40%）；二是在心智考评方面，增加学生心理素质测评指标，以鼓励学生全面发展；三是对考核指标进行微调。

五、推行精致化管理新模式

精致化管理是当前管理科学领域的一个重要思想，针对学生管理的复杂性，提出精致化管理有助于提高学生管理的整体质量，同时也是改善和提升学生管理工作效果的一项重要手段，为创新学生管理工作提供了重要思路。

精致化管理起源于日本，是一种企业管理的理念。它主张最大限度地减少管理所占用的资源和降低管理成本。这一思想已经广泛应用于很多管理学的领域。它在常规管理的基础上，更加强调管理内容的细节化和精细化。在提升组织整体执行能力的过程中，精致化管理是一项十分重要的手段，其实质就是将任务具体化和精细化，它是一种对战略和目标分解细化和落实的过程。在精致化管理中，组织的战略规划被贯彻落实到了管理过程中的每一个细微的环节，并且让每个环节都发挥作用。

精致化意味着精益求精。高校学生工作精致化管理就是要运用精致化理论，将高校学生管理做细。具体来说，就是能够了解每一名学生的状态，激发每位学生的潜能，使每位学生都能够找到适合自己发展的道路。要做到这一点非常不容易，因为高校学生的特点之一就是具有多样性。要做到精致化管理，需要在大学生培养的所有环节中都做到细致入微，这需要全员的参与，包括学生管理工作人员和任课教师。精致化管理是一种高度，体现在大学生培养教育的每个细节当中。

精致化管理是学生管理模式的创新。它强调学生管理工作的可持续发展，对学生和教师都提出了更高的要求，需要师生的密切配合和共同努力，从细节着眼，最终实现整体的共赢，是适应新时代要求的管理模式。高校学生精致化管理充分体现了当代高等教育改革的重要发展趋势。与以往的管理模式不同，精致化管理强调学生个性的发展，承认学生的差异性并致力于满足每一位学生的要求。

相比于传统死板的管理模式，精致化管理能够极大地调动学生的积极性和内驱力，使学生具备较强的创新能力和社会适应能力。高校学生精致化管理的最大特点在于它充分借鉴了科学管理模式，不是单方面地趋向于某一种管理方式，是注重个体差异的，强调以人为本。现在的大学生多为"00后"，与以往的大学生相比，由于他们可以接触到的信息量更大，他们的思想也更加多元化，即便是同龄的学生，即便生活与成长的环境相似，其世界观、人生观和价值观也可能迥然不同，这就给学生管理工作带来了很大的困难。以往一刀切的传统模式，如果用在现在的大学生身上，势必会遏制一部分学生个性的发展。运用精致化管理的理念，可以引导大学生追求正确的价值观，促进学生自我发展、自我服务和自我完善。

精致化学生工作管理模式需要着力坚持"以人为本"的学生管理理念，是"以人为本"理念在高校学生管理中的生动体现，它要求做到"一切为了学生、为了一切学生、为了学生的一切"，把学生放在最重要的位置上。学校的根本任务是培养对祖国、对社会有用的人才，就是培养综合素质过硬的学生，因此不管是学校的什么工作，都要以学生的培养工作为中心。要贯彻落实精致化管理，需要科学制定精致化学生管理制度，保证在整个执行的过程中做到有章可循，有章可依。

要做到制度精致、准确，针对学生管理工作中可能出现的情况做好预判，力求保证管理过程井然有序，依靠制度来管理和约束学生。

精致化管理具有特殊性，在落实精致化管理时，要加强人员队伍建设，这包括学生管理人员队伍建设和学生干部队伍建设。要充分发挥辅导员和学生干部的作用，切实了解每一位学生的情况，包括其家庭条件、行为习惯、学习能力、经济状况、个人素质、个人特长、情感状况、心理状态等，并且针对学生的具体情况进行分析，找出适合学生个体发展的合理途径，并且对他们今后的发展开展必要的跟踪调查。这个工作量非常巨大，因此需要培养有力的学生干部队伍来辅助辅导员和学生管理工作人员来做工作。

第七章　当代高校学生管理的创新路径选择

本章分为国外高校学生管理经验的借鉴、高校学生管理的创新路径选择两个部分，主要包括英国、德国与法国、美国等国的高校学生管理经验等内容。

第一节　国外高校学生管理经验的借鉴

一、国外高校学生管理的经验

（一）英国

英国高校机构设置总体来说是委员会调控下的校长负责制，学校各个层级的委员会负责制定学校的发展战略，对学校的事务管理进行决策。学校校务委员会和学术评议会一般下设有与学生事务有关的委员会，负责就学生事务的政策和战略向校务委员会和学术评议会提出建议，代表校务委员会和学术评议会监督政策与战略的实施。一般情况下，学生事务委员会的成员包括校长、副校长、学校有关部门负责人、教师代表、学生代表。

学生工作职能部门为学生事务机构，面向全校学生开展工作，提供服务。学生事务机构的直接领导或是分管学生事务的副校长，或是其他高级管理者。在院系一级，院长和系主任负责学生事务，并为每个学生安排一个导师。导师负责学生学习、生活等方面的指导，有的系在学生个人导师之外，还设有高级导师，负责全系学生的指导帮助。在系里也指定专人负责学生事务的具体方面，如职业发展规划、心理咨询等，他们与学校学生事务机构保持联系。但学校学生事务机构与院系只是合作的关系，不具有领导与被领导的关系。在院系一级没有专职人员和专设机构负责学生事务，所有人员都是兼职的。此外，英国高校学生管理模式分为集中管理和分散管理两大类。在集中管理模式下，高校设立学生事务办公室，下设学生学习中心、职业部、教学部等若干部门，为学生、教师、未来的毕业生提供发展和支持的服务。在分散管理模式下，高校通过设立学习支持中心、职业发展中心、国际交流中心等部门，为学生学习、职业发展等提供服务。

英国高校的导师制，起源于著名的牛津、剑桥大学，是由导师对学生的学习、品德和生活等方面进行个别指导的人才培养制度。学生进入高校后，学院会为其指定一位导师。导师是学生所选择科目的学者，他负责指导学生的学业和品行，协助安排学生的学习计划，指导学生如何取得进步。学生在上学期间，每周必须与导师谈话至少一次，导师与学生进行一对一、面对面的个别辅导，共同制定个性化的教学计划。英国高校导师制的特点，主要包括两个方面。

①良好的成长环境。导师制在教学方式上重视个别指导、言传身教、循循善诱；在教学内容上德智并重，力图营造和谐、宽松、自由的教育环境。这使导师制超越了作为一种教学手段的功能，而成为一个影响学生的过程。对学校来说，这样的环境成为学校品格与灵魂的载体，成为深厚的办学底蕴；对学生而言，长期浸润于这样的环境中，从导师的教诲中所获得的不仅仅是学术知识，还有带着批判精神从事学习的态度及影响其一生的思维方式，并在与导师交流的过程中达到心灵与精神的契合，使学生在保持尊严、施展能力的同时，形成履行社会职责所需要的知识、修养、表达能力、性格、风度、意志以及各种相当均衡和成熟的品质。

②更大的自由空间。在导师制下，师生交流的目的更注重对学生进行情感和心理的引导，使教师潜移默化地感染学生，从而引导其全面发展。师生交流的内容不仅限于知识交流，更多的是思想和情感交流，这种师生交流是双向、互动的，大都是几个学生和教师坐在一起面对面地交流。交流在民主的气氛中展开，教师和学生的地位是平等的，导师不是绝对权威，学生也不必事事服从导师，师生交流和探讨学问的地点也不固定，他们甚至可以一边喝咖啡一边讨论，气氛轻松和谐，充满温情。

（二）德国与法国

与英国不同，德国与法国对学生非学术性事务的管理主要不由大学承担。作为教学和科研机构，大学固守于学术性活动的界限，至于学生服务工作则交由社会化机构来承担，高校则成立联络办公室，在本校学生与社会性服务机构之间起沟通和协调作用。它们在学生事务管理体制及方式上，体现出以下特点。

①学生事务由校外机构承担，社会化程度高。在德国，这种组织被称为大学

生事务局，在法国则叫作学生服务中心。它们都是带有企业运作特点的自治性组织，所提供的产品就是针对学生的各种服务，财政上自负盈亏。这样，服务的质量和价格就成为其能否立足与发展的关键。对学生来说，享受社会化的服务，会比享受由学校施行的难免带有行政官僚印记的服务更愉悦一些，尽管可能需要付出更多的费用。而且，由于必须走出校门，步入社会，才能获得各种服务，无形中加强了学生与社会的联系，使学生的日常生活更加"社会化"。而学校，也省却了为提供服务而需付出的人事与管理经费。

②学生事务实行国家与地方两级管理，带有官方色彩。德国的大学生事务局分国家和地方两级，全国性的主管机构是联邦学生事务局，管理地方总共62个大学生事务局，它们的服务对象是180万名大学生，分布于16个州180个城市。大学生事务局的管理构架充分体现出自治、制衡的特点，分三级管理层次：代表大会、董事会和总经理。代表大会由该事务局服务的大学的教授代表、学生代表和行政领导等组成，主要职责是听取和审议总经理的工作报告，选举董事会；董事会由大学教授、行政领导、学生代表，以及该事务局工作人员和社会人士代表组成，主要职责是审议、批准财务预算，任命总经理，评审总经理的工作等；总经理则是大学生事务局的经营代表，直接负责本地区学生事务工作的运作。法国学生服务中心的字母缩写是CNOUS，因而也叫"克努斯"，成立于1955年，受法国教育部领导，由教育部部长任命其行政委员会的主席，属于有法人资格和经费自主权的公立机构，它的总部设在巴黎。而对各大学提供直接服务的则是它在各地方的分支机构，被称为"库斯（CROUS）"，管理上克努斯领导库斯，库斯则定期向克努斯汇报工作。

③学生事务的商业化倾向难免影响到学生的发展。在德国和法国的学生事务工作运营中，成本、利润等始终牵动着经营管理者的神经。为防止亏空，往往更担忧的不是服务对象考试焦虑、就业无着落等，而是经营上的各种问题；而且由于置身校园之外，对大学变化的反应显得迟钝，难以即时满足学生的特殊需要，不利于与学术性活动有效配合，难以更好地促进学生的发展。

（三）美国

美国的学生管理实践从萌芽、孕育、诞生到确立，经历了"替代父母制""学生人事工作""学生服务""学生发展"等阶段，最终形成了"一种新的专业"。美国高校学生管理的特点主要体现在如下几个方面。

①丰富的理论基础。美国学生事务理论经历过漫长的实践检验，尤其在20

世纪六七十年代产生的学生发展理论是美国高校近三十年学生事务专业化的理论支撑和奠基学说。而在其基础上发展起来的学生学习理论，已成为当代美国高校学生管理的主旋律。学生发展理论对学生发展内容及其机制的科学探讨使人们认识到，学生课外活动和非学术性事务的管理不仅能为学术活动的健康发展提供保证，对高等教育的目标的实现起辅助作用，而且它还有自己独特的教育和发展目标。学生发展理论既是一种理论基础，又是关于高等教育目的的哲学，是学生事务领域得以存在的理论依据。它是人的发展理论在高等教育领域的运用。学生学习理论认为学生事务的任务就在于创造条件激励、鼓励学生把更多的时间和精力投入课堂内外一切以教育为目的的活动中，并且成立以学生学习为导向的学生事务部门。此外，还特别强调了学生事务管理部门和相关人员在学生学习中扮演的重要角色。这样，学生事务关注的重点从过去的课外活动转移到学生学习上来。

②健全的学科体系。美国政府十分重视学生事务管理学科体系的建设，要求每个州都至少有一所大学开设高等教育行政学专业，并设有硕士、博士学位，为高校学生事务培养专门人才。同时，专业培养计划中面向高校学生管理方向的比重较大。这样，通过政府的规定与扶持，学生事务管理学科体系得以建立，开辟出一条培养学生事务专门人才的道路，使得学生事务后备人才得以保障。

③严格的准入机制及评估晋升机制。美国高校学生管理人员学历层次较高，并设有严格的职业准入门槛、职务晋升标准和程序。通常申请进入学生事务领域的人员需要具有心理咨询、职业指导、学生事务实践、学生发展等方面的硕士学位；初级晋升中级职务还必须拥有相关领域的博士学位；中级晋升高级职务还尤为重视其过去学生事务的实践经验。近年来，美国高校对于学生事务人员的招聘，除上述基本要求外，还注重从多方面对应聘者进行测试和考量。

④完善的专业评价标准。通过建立专业评价标准促进从业人员的专业发展，是美国高校学生事务队伍专业化发展的一个重要策略。随着学生事务进入"学生发展"阶段，学生服务与发展方案已成为高等教育一个基本的组成部分，并为学生事务赢得了声誉，但是缺乏一套用于方案评价、自我研究和评估的综合标准。相关人员强烈地意识到需要为学生服务与发展方案建立一套定义明确的专业标准。于是，一些有识之士联合高等教育中的相关专业组织，于1979年成立了美国高等教育标准促进委员会，并着手建立一组专业标准。经过多年的研究，于1986年出版了第一本包含16个实务功能的"高等教育专业标准与指导原则"。

（四）日本

日本高校普遍推行校长负责制。为了适应实际工作的需要，校长周围设置了一系列的"联席会"和研究处理专门问题的各种"委员会"。同时，每所高校均设有学生部，并配有专职工作人员。他们遵循教育与管理相结合的方针，兼有教育与管理及指导的多种职能。日本高校办学有一定的自主性，各校学生部又视本校教育对象的多少和不同的层次下设各自的管理机构。学生部的工作职能大致体现在以下三个方面。

①代表学校行使管理教育学生的职能。具体内容：每学期负责收取学生交来的学费；视学生学习和生活的不同情况给学生颁发奖学金和助学金；通过一定的形式与社会有关方面保持联系，为学生勤工助学穿针引线；管理校内的学生公寓；参与实施学生入学考试；负责学生保卫、保健及德育方面的管理；负责留学生事务的处理；等等。

②加强学校与社会的联系，为学生就业创造条件。为了帮助学生做好就业前的理论准备，大学的学生部注重学生就业前的理论教育，开展就业前的信息指导、思想指导、技术指导等，减少了学生对职业选择的盲目性，增强了学生的竞争意识及社会适应性。

③通过学生会和学生社团开展各种有利于学生身心健康的文化活动，发挥引导教育职能。日本高校的学生组织由学生部管辖，学生部重视并注意发挥学生会组织的作用。学生会经常组织学生参加改善学校办学环境的义务劳动，开展热爱集体、助人为乐的礼貌活动。同时日本高校也有各种文化社团，每个社团均由教师担任专职指导，并定期开展活动，既提高了学生某一方面的特长，又能引导学生如何做人，对学生的影响和帮助很大。

（五）澳大利亚

澳大利亚高校的学生教育管理与服务体系一般由4个部分组成：学生教育管理系统、学生教育服务系统、学生自我管理与教育系统和学校文化系统。它们构成了澳大利亚高校完整的学生教育管理与服务体系。澳大利亚的学生教育管理工作的特点，包括两个方面。

①全方位的服务体系。以学生的学习、成长为中心，为学生提供全方位的服务，将教育渗透在管理与服务之中是澳大利亚高校学生教育管理工作的重要特点。以悉尼大学为例，由大学注册部所属的学生中心与国际学生服务处、学生服务部下设的16个服务中心，共同构成了整个大学的学生帮助与服务体系。该服务体

系所提供的服务，包括学习、住宿、打工助学、财务帮助、生活、健康与福利、环境适应等各个方面，功能完善、工作细致、服务质量高、覆盖面广，为大学生的学习、成长提供了良好的服务、支持和保障条件，为学生克服各种困难搭建了有效的平台。

②相对独立的自我管理。澳大利亚高校十分重视学生的自我教育、自我管理和自我服务。高校各个层面的委员会都有学生代表参加，他们可以对学校的教学、科学研究、专业设置、管理与服务提出自己的意见，与每一位教师、职员都是平等的。学生以学生联合会为纽带，在法律与制度的框架内进行自我管理与自我教育。同时，学生联合会还具有较强的相对独立性。它们负责管理经营学生活动中心，甚至出租属于学生会管理的设施，这使得学生联合会拥有独立的经费来源。学生会不仅是学生利益的代表，也是学生进行自我教育、自我管理、自我服务的组织形式。

二、国外高校学生管理经验的借鉴

各国高校学生管理在发展过程中的成功经验，对我国未来学生事务管理的改革有非常重要的启示与借鉴意义，具体体现在以下几个方面。

（一）坚持"以学生为本"的管理理念

从国外的高校学生管理的发展历程来看，其都有一个共同的特点，那就是管理的核心理念一直都是"以学生为本"。我国关于学生管理工作的理念经历了一个不断探索和发展的过程，一开始是"学校本位""管理本位"，随着时代的变化、社会的发展，逐渐发展到以学生为中心的"学生本位"。但是，需要注意的是，在实际的管理工作中，"学生本位"的管理理念贯彻得并不彻底，还有很大的发展空间。

国外高校学生管理坚持"人本化"服务理念，真正以促进学生的发展为中心，把满足学生的实际需求作为一切工作的出发点和落脚点，体现出一切为了学生、为了学生的一切的价值取向，值得我们学习和借鉴。具体而言，需要从以下几个角度入手。

首先，要把促进学生全面发展作为学生工作的指导思想，把"立德树人"作为学生工作的核心任务，把培养德、智、体、美、劳全面发展的社会主义建设者和接班人作为学生工作的终极目标。

其次，要提供更加全面、更加持久、更加精准的学生服务。

最后，要改进工作方式。一方面要实行开放式管理，进行开放式管理不仅可以吸引更多的学生主动地参与到管理工作中来，而且可以与学生进行民主平等的交流，进一步确立学生的主体地位。另一方面要注重分类教育、隐性教育和网络教育。分类教育就是能够合理依据不同学生的个性特点、兴趣爱好和实际需求，提供更多更好的教育资源，因材施教。隐性教育指的是把思想教育融入学生的日常生活、学习、工作中，实现潜移默化的教育功能。网络教育就是要积极运用现代化教育信息平台，注重线上教育与线下教育相结合，实现教育手段的现代化。

（二）以学生"自我教育、自我管理、自我服务"为主

国外的高校支持、提议学生们都能够积极踊跃加入学生管理工作中来，这在提高学生自我能力的同时还能够为学校出一份力量，一举两得。学生在为学校出力的同时还可以提升自身的自我管理、自我教育、自我服务能力。

学生作为高校管理工作的重要主体和积极参与者，其参与管理的状况如何是衡量高校管理水平的标志。尽管我国许多高校都为学生提供了部分参与学校管理的机会，但其深度和广度都很不够。而在美国高校，学生管理在很大程度上依靠学生本身，尤其在宿舍管理方面。学生宿舍一般都设主任助理（AD）1名，他是宿舍楼主任的助手、学生管理员的召集人。每个楼面设居民助理（RA）2名，RA的职责：对自己所在层的学生会工作进行指导；召集每两周一次的全层学生会议，每两周至少组织一次全层学生活动；督促这一层的学生遵守学校和宿舍的规章制度；进行房屋管理；受理本层学生提出的各种问题。每个宿舍还设学习协调员（ARC）1至3名，他们的任务是对学生进行学习方法的指导，在宿舍内组织各种学术讨论活动。上述学生管理员除了完成各自分管的工作以外，都还要参加前台值班及宿舍楼内外的安全巡逻。美国各高校的学生宿舍都有AD、RA和ARC，而且由来已久。这些学生管理员的选拔一般都采用公开招聘的方法，先自愿报名，后进行面试，选拔对象是二年级以上的学生（包括研究生）。条件也很严格，如当AD必须要有当RA的经历；不管当AD、RA还是ARC，都有对学习成绩、表现及能力上的要求。被录用的学生管理员在经过暑期正规培训后方能上岗。

相比之下，我国高校的大学生参与管理主要还是当参谋，起监督作用，即使直接参与管理，任务也比较单一。我国高校要想较大范围或较深程度地组织学生参与管理尚有一些困难。一是观念上的障碍，不少管理者认为大学生参与管理从理论上来说是件好事，但在实际中不一定行得通，他们主要是担心学生的素质。

建议学校的领导和各主管部门一定要克服对大学生不放心的思想，要从培养人才的高度支持学生参与管理这一新生事物，主动接纳大学生。观念的改变还包括学生本身在内。长期以来，许多学生一直存在依赖思想，在家依赖父母，在校依赖教师和管理员，缺乏自理的观念和自我管理、自我服务的思想，如果这种观念和思想不改变，对参与管理就没有积极性。二是客观条件不允许。现在不少高校的教职工都处于满员或超员的状态，在这种情况下当然不会去考虑让学生参与进来。当今社会竞争激烈，如果不注重大学生自治能力和责任意识的培养，那么他们走上社会时就会缺乏竞争力，同时也不能很快适应现实社会。

（三）关注高校的宿舍管理

我国高校的学生事务管理的重心一般都被放在了班级管理上，在新时期，这一重心应该有所改变，应该将目光放到跟课堂同样重要的宿舍中去，实现对学生的双向管理。美国的学生管理体制整体呈现出条状的扁平结构，这种结构不仅可以在很大程度上提高管理的效率，而且可以极大地提高管理的效益。这种模式对我国高校学生管理有极大的借鉴意义。

一方面，在学分制条件下，不仅班级和年级的概念会被打破，系和专业的概念同样也不再是局限，在这种情况下，宿舍就变成了学生较为固定的活动空间，由此，学生工作的重心必然要逐渐向学生宿舍转移。

另一方面，宿舍实际上是学生课堂的延续，可以称为第二课堂。从时间上来说，学生待在宿舍的时间一般要长于待在教室的时间；从空间上来说，宿舍不仅是学生生活和休息的场所，也是他们探讨学习、获取信息、交流思想的地方。宿舍的氛围会对学生的人生观、世界观、价值观的形成产生极为深远的影响，而且，宿舍是学生冲突和纠纷易发的地方。因此，学生宿舍是思想政治工作的一个相当重要的阵地，应该很好地去发掘和占领，通过对学生宿舍的科学管理，加强对学生的思想政治教育。

（四）进一步构建学生工作"高效化"机制

我国高校学生工作管理体制实行的是二级管理，学校设有宏观的管理中心，在各个二级学院的辅导员负责不同的工作内容，这种管理机构的特点是以二级学院为单元进行块状化的管理。这种体制有着明显的优势，那就是管理重心下移，覆盖面较广，可以化整为零地进行管理。这种体制也有明显的缺点：层次多固然可以较为全面地进行管理，但是这样一来，信息的传递难免缓慢进而影响工作效率。

在这方面，我国可以借鉴美国的管理机制，美国高校学生管理机构只设置在校级层面，直接面向学生服务，且机构健全、层级分明、内容丰富，实行的是扁平化的一级管理，推行的是条形化运行模式。其优点非常明显：层级少、成本低、信息传递快、效率高；项目分工明确，成员工作单一，专业化程度高；组织内扁平化运行，运转形式灵活，能快速反应，便于进行双向沟通。

第二节 高校学生管理的创新路径选择

一、高校学生管理制度化创新

制度伦理化和伦理制度化都属制度伦理研究的范畴。制度伦理化是指社会体制的道德性，表现为内在于一定体制的制度、法律、法规、政策、条例等所分配权利和义务的公平性和合理性；伦理制度化是指人们把一定社会的伦理原则和道德要求提升，规定为制度，并强调伦理的制度化、规范化和法律化。无论是制度的伦理化还是伦理的制度化，对建立当代高校学生管理制度体系都具有理论意义和指导意义。

制度伦理化与伦理制度化是密切制度与伦理之间关系的两种不同思维，前者重在对制度本身进行道德上的评判和矫正，通过内容的建构促使伦理原则和道德观念在制度中渗透与落实；后者强调将某种社会倡导、公众认可的道德规范转变成具有强制效力的制度。两者在管理秩序的重整与道德建设中发挥着各自不同的功能。在构建人本化高校学生管理过程中，制度的伦理化更应当成为制度优化、创新的首要选择。制度应该伦理化，不合乎伦理的制度是没有生命力的；同时，伦理也应该制度化，符合人们广泛认同的道德标准和审美取向的伦理通过制度化以后，更有利于发挥其作用。

高校的责任和义务就是帮助学生实现全面发展。现行的高校学生管理在理念和应用中，都不同程度地违背甚至超越了蕴含在高校学生管理中的伦理，而符合伦理的却还未形成制度。当前，高校正处于全面改革的阶段，在高校学生管理制度创新的过程中要坚持制度伦理化、伦理制度化的"两手抓"。对不符合伦理规范的制度进行调整，补充符合伦理规范的新制度，这本身就是一种重要的创新。

（一）融入文化管理机制

高校学生管理制度是一种相对"刚性"的管理方法，主要通过学校相关规章制度、行为规范等外在的约束、监督及奖惩手段实现对学生的约束和管理。这种硬性的约束管理对高校的"文化人"显然是不适用的，高校学生管理更应致力于创造一种文化精神和群体精神，高校学生管理要准确把握大学的本质、使命和责任，发挥大学文化的导向、调节、凝聚、激励与塑造功能，促使大学师生从内心接受和认可学校的教育理念及价值观，将高校学生管理制度转化为师生组织群体所认可的管理理念。高校的群体价值观和组织文化是学生事务管理的灵魂，在高校学生管理的具体过程中发挥文化的柔性作用，引导学生积极参与到高校学生管理中，缩小高校学生管理的总体教育管理及服务水平与学生和社会对"高等教育质量"要求和期望之间的距离，促进学生事务管理实现质的飞越。

在高校学生管理的实践中，全面提高学生的自我约束能力和理性自主能力是高校管理永恒的追求。人类的基本行为是由文化来决定的，由于文化的变化很大，所以对人性唯一正确的判断是它的可塑性很大。人与文化的关系是密不可分的，文化可以塑造人、引导人、管理人。高校人本化学生管理就是要突出学生在学习和生活中的主动性、主体性和自觉意识，高校管理文化包含育人理念、学术发展空间、办学特色等要素，每一种文化的形成都是多种文化主体互相协调、作用的结果。高校人本化学生管理最重要的目的是唤起学生的文化自觉性，用优秀的文化潜移默化地影响学生的行为，最终形成文化管理。以文化来取代制度，当然不是取消制度，而是制度要人文化，具有人文色彩，充满以人为本的文化温情。因此，高校学生管理制度应该与人文精神、价值观念、行为准则和道德规范融为一体，得到学生对高校的管理理念和管理价值取向的高度认同，提升学生的使命感、责任感与荣誉感。刚性的制度管理是文化管理的重要支撑，文化管理使制度管理得到升华。

第一，培育大学精神，发扬主流价值观。让良好的校风深刻地植入师生的身心中，学风时刻萦绕在师生的校园学习活动中，教风真正贯彻到每一位教师的教学活动中。所谓"蓬生麻中，不扶则直"，高校要培育具有时代性和独特个性的大学精神，形成具有自身特色的、适应高等教育发展方向的校风、学风和教风，引导和规范学生事务管理人员的思想和行为。

第二，高校要优化包含校园一草一物的物质形态及舒畅的人际氛围在内的校园环境。校园环境不单是物质意义上的存在，更富有环境育人的深刻价值。

健康、向上、丰富的校园环境为高校学生管理者提供了既育人又育己的优良文化环境。

第三，充分发挥高校学生管理在"文化化人"方面所发挥的载体作用。通过一系列的管理活动把大学文化内化为高校学生个体的文化认知和价值观念；采用独特的学生管理方式，促进学生的文化认同，培养学生自觉地进行文化模式及学习方式的探索、创新，在学生事务管理中培养人、完善人，促进个体的社会化和个性化。

（二）建立柔性化管理机制

柔性管理理论来源于 20 世纪 50 年代兴起的现代管理科学，是其行为科学流派倡导的以人为中心的理念的发展，属于欧美现代经济管理科学的概念之一。

柔性管理以柔的原则和软的控制为特点，它遵循的是人的心理和行为规律。实施柔性管理绝不能一蹴而就，仅仅凭借制定几条纪律、制度和规定是不可能实现的。比起刚性管理，柔性管理更讲求人文性，所以也被叫作人性化管理。柔性管理是和刚性管理相对而言的，实施它的前提是遵循人的心理与行为规律，它的核心是非强制，工作途径不是通过外力强制约束，而是设法说服管理对象，把组织意志变成被管理对象的自觉行为。柔性管理一直以人的心理和行为规律为基础，旨在唤醒人的潜力、创造性和主动性，让人的尊严和价值得以彰显，满足被管理者的社会需求、心理需求和价值需求，最终要实现的目标是人的自觉行动。

社会的进步与人类文明的发展催生了柔性管理模式。这一模式让现有管理模式的积极成果得以继承，排除了其重大缺陷，是中西管理理念的融合，能够激发人类全部的管理潜质。这一管理模式对管理实践中的所有文化要素、伦理道德以及其他柔性特征都进行了研究，它深化了人们对现代管理活动（包括实践与认知）的认识，发现了现代管理活动的本质。柔性管理的特点是彰显管理中的人文性，实施的是伦理管理模式，与以工具理性为特征的企业文化和伦理相比，柔性管理更胜一等。企业文化是刚性管理的范畴，也是功利论的一部分，其前提是提高生产效率和效益；柔性管理则强调价值理性，约束工具理性，凸显企业文化的特质，它顺应了人类全面发展的要求。这一管理模式的导向是伦理精神，原则是柔的运用，强调对人要尊重、理解和关心，注重社会秩序的维护，以创造自由、和谐空间为目标。柔性管理来自管理伦理和企业文化。

柔性管理是根据企业管理的需要应运而生的，它在适应管理实践的需要和管理对象的变化中成长与壮大。在当代社会，互联网异军突起，成为"另类的沟通渠道"，对经济、政治和社会等方面产生了巨大而深远的影响，同时也方便了大学生在网络空间里自由交流、了解社会与自然、构建自我与他者的新型关系。这一虚拟世界没有强有力的约束机制和有效的评价体系，蜂拥而来的信息必然影响和左右着大学生的道德观、价值观和行为模式。每一个大学生都是独立的个体，其思维方式、心理构成、价值观和情感世界都各不相同。所以客观上要求柔性管理能够针对他们的精神、思想、心理和行为等方面的差别，运用多样化的管理方法。

柔性管理过程表现出稳定性和动态性相统一的特点。其一，社会经济的发展总是在影响和改变着管理对象的思想、心理和行为。所以管理方法也要随着客观情况的变化不断进行调整，以适应管理对象的内心变化，满足他们的内在需求。管理方法和策略不落后于时代，柔性管理的动态性特征由此而来。其二，管理工作的实施要求保持相对稳定的管理团队、管理机构和管理模式，这就是柔性管理的稳定性特点。

柔性管理围绕着人来进行，关注人的心理、情感、价值观，作用于人的行为和外在表现等。运用柔性管理模式管理大学生，目的是创建优良的教育管理生态，打造健康阳光的校园人文环境，营造美好的校园学习和生活环境，激发学生的学习积极性，让组织意志成为他们的自觉行为。这样就会在管理效果上体现出明显的塑造特征。

传统的高校学生管理理念强调的是对大学生的思想和行为进行严格的规范，强制性特征明显，学生管理部门和管理者往往对学生采取"压"这种硬管理的方式，直接导致管理者和被管理者在情绪方面的对立。建立柔性化管理机制，需要做到以下几点。

①要建立"以学生为服务主体"的观念，把服务学生作为出发点和归宿，想学生所想的最主要的问题，关心学生关心的最主要的问题，解决学生最渴望解决的问题。

②柔性化的管理机制要把激励引导当作学生管理的主要手段，通过制度上的激励引导学生树立远大理想，专注求学，养成科学的思维方法，特别是要在学生的思想"总开关"上做文章，指引学生把个人的成才梦和伟大的强国梦有机地统一起来。

③柔性管理机制的建立要把学生的主体创造性放在重要的位置，不能像过去那样，只谈义务不谈权利，要明确告诉学生在校期间享有的合法权利和应当履行的义务，把权利和义务写进制度并加以保护。在保护学生的权益方面，特别是针

对学生的处分决定，要做到程序正当、证据充足、依据明确、定性准确、处分恰当，避免学生和管理者产生硬性冲突。学校对学生的处分或处理要认真贯彻《普通高等学校学生管理规定》，学生享有陈述、申辩和申诉的权利。

④建立柔性化的管理机制要发挥学生的能动性，变被动管理为自我管理。高校学生管理应当充分发挥学生的力量，变被动服从管理为主动参与管理，这种转变是民主理念的要求，也是缓解消除高校学生管理中的矛盾的重要手段，这种管理有利于提升高校学生骨干的能力素质，有助于高校学生培养自主、自立的意识，逐步消除对家庭、社会、学校的依赖，使学生在思想上得到进步。

（三）建立制度反馈机制

及时做好学生意见的处理工作，是新时期学生管理制度改革所面临的重要任务。高校要建立健全有效的学生管理制度反馈机制，学生意见的反馈直接关系到学生管理制度的合理性、执行力与落实情况。学生与管理者之间相互表达自己的想法，有利于达成共识并形成共同的愿景。

学校应该设立学生管理制度反馈部门，收集学生的意见，高校各职能部门将收集的信息进行分析整理，研究并制定改革方案。同时，要做到反馈及时化、经常化、规范化。学校要向学生公开学校工作计划、进程等相关内容，学生应享有对高校各个职能部门的监督权。高校要从人本化的角度对学生权利制度进行完善和重构。

二、高校学生管理自我化创新

以学生为本，引导学生实现自我管理，推进大学生管理的创新。没有管理的教育和没有教育的管理都是软弱无力的。教育离不开管理，管理是为了教育。这就是以人为本的大学管理工作的全新辩证法。正是因为大学生管理工作与人才培养的这种特殊关系，大学生管理创新的路径有别于一般管理工作。它客观上要求用全新的管理理念作为指导。理念是反映对象深层次本质和规律的观念。教育理念是关于教育基本问题的深层次本质和规律的观念，具有理想性、持续性、统合性和范式性。新时期的大学生管理理念要契合科学发展观的价值尺度，追求以人为本的管理。

以人为本的实质就是尊重学生的发展特点和规律，尊重学生的人格个性，创建学生思想政治教育的良好环境，建构和谐的师生关系，培养素质全面、个性突出的创新人才；其关键是要正确发挥学生的主体性，尊重学生的需求，使思想政治教育活动忠实于教育本身的内涵，根据不同的学生施以不同的教育，使学生的潜能得到充分发挥，形成一种积极向上的内在力量。开展大学生管理工作不是管理人、约束人、控制人，而是创造条件培养人，通过有效的培养发展人。

在这种方式中，学生本身既是管理者，又是被管理者，学生在这种角色转换中大大提高了自我管理的积极性，特别是增强了学生的自我约束、自我管制能力，在学习知识的同时锻炼了自己，既"学到了知识"，又"学会了做人"，增强了学生的主体意识和责任感。

（一）构建以学生会、社团为主体的自我管理模式

学生会是学生自我管理的最高组织，学生会干部是学生进行自我管理的主体。在学生管理体系的建设中我们可以增加一些部门，赋予一些部门新的工作内涵，扩大学生的覆盖面，使其深入学生日常的各项自我管理中。有目的、有计划地建设一批以理论学习型社团为龙头，以科技创新型、文化艺术型、社会公益型社团为主体的校级骨干社团，如习近平新时代中国特色社会主义思想研究会、青年志愿者协会、学生科技协会、学生艺术团、学生心理健康协会、自强社等，并以这些校级社团为"旗舰"，通过建立学院分会、年级分会，形成门类齐全、种类多样的学生社团"航母"编队。让所有学生根据自己的兴趣爱好、发展需要参加到社团中来，进行知识学习、人际交流、自我激励。

（二）构建以学生社区为主体的自我管理模式

在学校大学生社区自我管理委员会的基础上，形成寝室、楼层、公寓、社区、党支部、服务队多位一体的社区自我管理模式。每个学生寝室设寝室长，每层楼设层长，每幢楼设楼长，每个社区设区长，与公寓学生社区党支部设置相结合，组建直接面向公寓开展活动的学生社团组织——特色服务队。在公寓区逐步建立各类文化、咨询、服务机构，面向学生提供生活、心理、卫生、学习等方面的各类服务，把思想政治工作与帮助学生排忧解难结合起来，开展以公寓为基地的自我管理活动。

传统的观点中，作为第一课堂的显性延伸的学生生活区是指宿舍、食堂等，即为学生提供课外住宿、饮食、学习和交往的空间。但随着高校改革的不断深入，学生生活区向学生社区方向日渐扩大。不仅传统中的地域和活动主体成为构成要素，相应的文化也是重要组成部分。商业服务网点、文化活动场所等不断丰富着学生社区的内容。学生社区是校园微型社会的反映，带有鲜明的时代特征，具有

独特性、多元性、继承性和创新性。学生社区是集中体现高校学生的主流思想、价值观念和行为方式的地方。改革学生社区管理的实践模式，便于学校无缝衔接第一课堂和第二课堂。学生社区功能多样，学生除了上课时间之外多数活跃在社区，其除了提供基本的生活住宿功能，也是学生学习的重要场所之一。

（三）构建以党团组织为主体的自我管理模式

以班级、学生宿舍和网络为阵地，以党支部、团支部为学生基层组织，实行校、院系、班级三级管理的运行模式。通过塑造点（个体）、线（基层党、团支部）、面（整体）的形象并进行整合，贴近学生、贴近实际、贴近生活。开展党员形象工程，在师生中叫响"树一面旗帜、建一个阵地、办一些实事、献一片爱心、带一批同学"的口号。建立学生社区党支部、网络党支部，把为学生服务从课堂内拓展到学生生活的社区和网络中。依托党团组织，以党建带团建，充分发挥学生党员的模范带头和辐射作用。

（四）构建以网络虚拟社区为主体的自我管理模式

以学校BBS、各院系网站、特色网站为平台，构建大学生网络虚拟社区自我管理模式。把BBS和各种网站作为先进文化传播的重要载体，通过学生自行开发、自我管理以及自我教育，提高网络思想政治教育的针对性和有效性。建立心理咨询网站、理论学习网站、职业生涯规划网站等，成立网络文明协会、网络信息协会，制定"虚拟社区管理条例"，建立例会制度、培训制度、奖惩制度等，充分调动学生干部、协会成员和网络管理者的积极性，发挥他们的引领作用，培养大学生的创新和实践能力，增强大学生的参与意识。

三、高校学生管理个性化创新

高校学生群体多样化已经成为高校最主要的特征之一，集中体现在每个学生成长环境的差异、发展需求上的差异等方面。在高校学生管理中要正确把握其共性和个性，特别是针对特殊学生群体的政策应当进一步完善，因为这些群体成员容易焦虑和自卑，不愿和同学相处，甚至极易受到高校环境中负面因素的影响并产生悲观、绝望、无助等心理。高校应全面开展大学生特殊群体普查工作，了解和掌握他们的真实情况，在加大日常管理力度的同时，还要特别注重以下几个方面。

（一）更新高校学生思想政治教育的内容和体系

传统的高校学生思想政治教育还存在着少数人对教育的认识不到位，教育的针对性不足，资金投入不够，政治理论课的时效性不强、感染力不够等问题。部分高校认为评定学生培养质量的唯一标准就是学生的学习成绩，这一观念严重制约了学生的全面发展。人本化高校学生管理要求高校必须把思想政治教育摆在各项工作的首位，贯穿在高校育人的全过程。高校应帮助特殊学生群体树立正确的人生观、价值观、世界观，树立崇高的理想和道德追求，特别是要提高高校学生辨别是非的能力、面对挫折和逆境的能力，使其学会正确地对待和处理学习和生活中出现的实际问题，学会融入环境实现自身的发展。

（二）健全高校学生心理疏导工作机制

高校学生中的特殊群体往往是心理问题多发的群体。当面对理想和现实的差距时，或多或少会出现失望、焦虑等负面情绪。如果自我调节无法消除这些负面情绪就容易发展为心理问题。因此，高校学生的心理疏导工作必须立足于帮助学生解决实际、现实的困难，消除学生心理的困惑，使其心理和人格向健康的方向发展。

高校一方面应当建立完善的心理咨询机构，并且让这种咨询机构流动起来，游走于高校学生特别是特殊学生群体之间，主动靠上去做工作。

应当对教师、学生管理者甚至是学生干部开展广泛的心理疏导相关培训，把心理疏导能力作为衡量高校学生工作者能力的重要指标。最主要的是要形成常态化的与学生交心、谈心制度，及时了解学生的真实情况和想法。尊重每个学生的个性思想，促进学生全面发展，做好心理疏导工作。

（三）创造良好的人际交往氛围

每所高校都有自己独特的文化和环境，人际交往氛围是由学生群体创造的，也影响着每一个高校的在校大学生。和谐、友爱、平等的人际交往氛围，不仅能陶冶学生的情操，开阔学生的胸怀，而且能消除或缓和人际交往上的矛盾。高校必须从思想上宣扬主旋律，把提高学生的道德水平作为基础，营造互帮互助、民主平等、宽以待人的人际交往氛围，消除学生群体之间的隔阂，消除特殊学生群体的孤立感。

四、高校学生管理专业化创新

（一）学科建设——学生专业化管理的前提

一种职业或一项工作要实现专业化，必须有专业的知识技能做支撑，有一定的学科依托以确立专业地位。而目前我国高校已经开设的思想政治教育专业，在培养目标和内容上与学生事务专业口径不一致也无法满足实践需要，加强学科专业建设迫在眉睫。如将学生事务管理专业设为高等教育学的二级学科，并根据不同的专业方向与岗位要求开设学生事务管理、学生事务管理培训、学生发展研究等相关专业，并根据实践要求合理设置培养方案和教学课程；在教育心理学、人力资源管理等与学生事务或发展相关的二级学科下根据实际需要增设学生心理咨询、职业规划与管理等偏重具体实践的相关专业，从而推动专业学科发展与工作实践的整合，进而建立属于学生工作领域的专业学科体系并确立其专业地位，为辅导员的专业发展提供坚实基础。

没有专门的学科知识体系，学生工作专业化就成了"无源之水，无本之木"。思想政治教育专业中的理论知识，特别是大学生思想政治教育，当然是学生工作学科内容的一部分。但是，尽管学生工作和思想政治教育的工作目标一致，在专业属性上，思想政治教育却不能完全替代学生工作。因为，学生工作的内涵不仅只是思想政治教育。这一点，我国高等教育界应该认可，否则学生工作就不可能真正实现学科化。

设置学生工作学科，一方面可以为我国学生工作源源不断地培养和输送人才，为学生工作队伍建设"质"和"量"的提高创造条件；另一方面，也可以为学生工作的研究者和实践者提供学术研究探讨和继续教育的平台，推动学生工作的理论研究，提高整体的学术水平。

（二）队伍建设——学生专业化管理的关键

专业化的队伍除了专业的学科体系支撑，更离不开专业化的教育培训。除了依托专业学科的正式教育之外，各类教育培训更是辅导员入职后可以促进其专业发展的重要渠道，对辅导员的培训要以教育部举办的全国辅导员骨干示范培训为龙头，以辅导员培训基地和研修基地举办的培训为重点，以高校举办的日常培训为基础，逐步构建分层次的培训体系并形成制度。在确保培训时间、频次、方向的基础上，还应该按照学生工作的实际开展有针对性的专业培训，侧重实际操作与实践经验,并以多样化培训形式满足多变的学生工作的实际需要,力争做到通识型与专业发展型培训相结合、普及型与层级性培训相结合,学习交流型与探究性培训相结合,从而达到正式教育与非正式教育的统一,推动辅导员专业素养与职业能力的不断提升。

我们必须相信,学生工作是一门学科,因此不是任何大学、任何专业的毕业生都能胜任学生工作的。学生事务管理岗是自成专业体系的一个高度专业化的岗位。学生事务管理的专业化程度直接影响工作的开展成效。因此,建设一支高素质、专业化的学生事务管理人员队伍,是保证新时期高校稳定的重要因素。

加强管理队伍建设,推进大学生管理创新。毛泽东曾经深刻地指出:"政治路线确定之后,干部就是决定的因素。"加强学生管理人员队伍建设是确保管理工作顺利开展的重要保障。随着新时期社会形势的变化,高校学生工作也发生了许多变化。学生工作的一些职能弱化了,一些职能则强化了。学生工作由过去重管理向现在的重教育、咨询、服务转化。心理健康教育、经济困难学生资助、助学贷款、就业指导等学生工作职能只有得到强化才能适应形势需要。同时,大学生群体的思想问题和实际问题也更加复杂化、多样化,这就需要管理者凭借智慧、知识和技能形成"专家化"的本领。因此,从大学生管理工作的发展趋势来看,高校学生管理人员队伍必须走专业化道路。当前的大学生管理者虽然在政治素养、敬业精神、个人品德上是合格的,但在解决实际问题的能力和本领上还与现实要求有较大差距,在不同程度上存在着"本领恐慌"。有一些高校管理工作者带着固有的陈旧观念和思维定式面对学生,不了解、也不理解当代学生与以往迥然有别的内心世界和真实想法,甚至在语境上都难以与学生沟通,形成了代沟和隔膜。还有一些高校管理工作者虽充满热情,但缺乏相关的专业知识,甚至在信息的获取和熟悉上还不及学生,难以对学生进行真正有效的指导。显而易见,"本领恐慌"状态下与学生产生的隔膜,解决不了学生面对的实际困难,也解决不了学生的思想问题。因此,需要有专职从事学生管理工作的人,通过专业方式担当起新时期学生管理工作的重任,以工作的专业化带动队伍的专家化。要超常规选拔人才,高起点聚合精英,广纳贤才,培育一支数量足、素质高、业务精、能力强的专业化学生管理人员队伍。

五、高校学生管理职业化创新

职业化与专业化既有区别,又有联系。就社会分工的进化过程来看,专业化和职业化是同一过程的两个不同的发展阶段,但两个阶段并不是时间上的递进关系,而是相辅相成的,在时间和空间上可以并存。专业化是职业化的基础,职业化是专业化的外在表现。

(一)职业化是促进专业化的重要途径

《中国大百科全书》对"职业"的定义是,"职业是随着社会分工而出现的,并随着社会分工的稳定发展而构成大众赖以生存的不同的工作方式"。因此,职业化是"一定社会历史时期,一种职业逐步形成和被社会认可的过程,并对从业者有一定的学识、技术和能力要求,采取相应合理的管理规范"。职业化视野下,高校辅导员制度建设是关键。首先,辅导员要经过职业资格鉴定,这既是对从业者的肯定,又是对准入制度的严格遵守,这从另一个角度也提升了人们对辅导员这一职业的认同度。其次,具体的标准应该包括职业道德标准、品行操守标准、学历专业标准、知识结构标准和实践能力标准等。职业道德标准和品行操守标准主要是指从业者具备良好的思想道德素质,具有坚定的共产主义理想信念,勇于坚持真理,具有较高的政治理论素养;爱岗敬业,真心热爱辅导员这一职业,愿意与学生打交道,真心为学生发展考虑,热爱学生,作风正派。辅导员是学生的生活导师,也是心灵导师,其言传身教对学生会产生很大的影响。学历专业标准和知识结构标准主要是指从业者的理论水平、专业素养,体现了辅导员队伍专业化和职业化的客观要求。实践能力标准主要是指辅导员的组织管理能力、组织协调能力、人际关系协调能力等,这是做好辅导员工作的必要前提条件。

(二)确立高校学生工作的独立地位

高等教育的基本职能是培养人才、进行科学研究、服务社会和传承与发展文化。《中华人民共和国高等教育法》第三十一条明确指出:"高等学校应当以培养人才为中心,开展教学、科学研究和社会服务,保证教育教学质量达到国家规定的标准。"《普通高等学校学生管理规定》第三条也指出:"高等学校要以培养人才为中心,按照国家教育方针,遵循教育规律,不断提高教育质量;要依法治校,从严管理,健全和完善管理制度,规范管理行为;要将管理与加强教育相结合,不断提高管理水平,努力培养社会主义的合格建设者和可靠接班人。"

从理论上来说,在"以培养人才为中心"的思想指导下,高校应该把教学工作和学生工作都视为完成人才培养任务的重要手段。但实际操作中,大多数的高校都选择了"以教学为中心"的表述,这实际上是以"以培养人才为中心"("教学工作"和"学生工作"都是"以培养人才为中心"这一目的不可或缺的组成成分）的一个子集代替了"以培养人才为中心"本身，这种表述本身便犯了一个逻辑上的错误，同时也反映出忽视学生工作的价值观而以教学工作为中心的指导思想。这必然会影响到整个学校对学生工作的认识，学生工作常常得不到重视，容易被边缘化，经费不足、人员配备不合理等现象较为普遍，因而"学生工作不仅不会得到应有的重视，甚至当学生工作系统内部力求有所作为的时候，还可能招致来自学校行政及教学系统方面的非议"，认为学生工作会冲击和影响学校的正常教学工作。以教学为中心的指导思想还可能会导致人才培养中，只重视智力培养，而忽视基础人文素养等非智力因素的培养。目前，一些高校发生的校园非正常死亡事件也从一个侧面反映了学生非智力因素培养的缺乏，所以说，"以培养人才为中心"决不能仅仅等于"以教学为中心"。

因此，要真正达到"以培养人才为中心"的目的，整个社会，特别是学校要树立整体育人观念，确立学生工作的独立地位，这样才能使学生工作与学术工作真正达到平等协作，彼此形成合作伙伴关系。当然学生工作系统内部也应该清醒地认识到"有为"才"有位"的道理，着力提高自身工作的专业化、职业化水平，与学校其他部门共同完成高等教育赋予的各项使命。

六、高校学生管理信息化创新

高校学生管理信息化是指在高等学校学生事务管理的过程中，借助丰富的信息资源和高超的技术手段，对学生事务管理的信息进行及时的处理和共享，借以改进管理组织结构，改善管理运行机制，使得学生管理工作在便利性、高效性、科学性方面都得到极大的提升。

21世纪是信息化的时代，网络技术的快速发展让当今世界变成了一个小小的地球村，信息化已经成为各个行业不可避免的趋势，在教育行业自然也不例外，教育信息化已成为世界各国教育改革的重点，学校是否建立了校园网站，或校园网站所提供的信息类型和服务项目是否产生,甚至校园网站本身设计技术的优劣、网页界面的美观与否，已然成为衡量一所学校校园信息化程度和社会声誉的一个重要标志。高校学生管理信息化也将成为我国高校学生管理体系中不可缺少的重要组成部分。

未来我国高校学生管理必将通过信息化建设，建立起学生管理信息平台，包括教学文件管理、教学计划管理、招生管理、选课管理、学习成绩管理、课程编排、教室调度、考试管理、教材管理、教学评估、课程评估、毕业分配、档案管理等子系统，覆盖学生管理的所有领域，为实现对学生事务管理工作的整体监督提供强有力的信息支持。

运用网络实行信息化管理，推进大学生管理的创新。在创新管理方式、方法和手段的过程中，要注重运用网络实行信息化管理，充分利用现代科学技术手段，针对不同时期大学生管理的新情况和新趋势，开发管理平台，整合管理资源，实现网络化、数字化管理。通过网络实现信息化管理，能够使管理方式变封闭式管理为开放式管理，进一步加强了管理与思想政治教育的融合。同时，通过网络实现信息化管理，也是促使大学生管理变单一管理为综合管理，把管理与服务紧密结合起来，以服务促管理的有效途径。在管理方法创新方面，要充分发挥网络虚拟互动平台的作用，实现师生的有效互动，变说教为参与、变灌输为交流、变命令为引导，创造学生主动参与的全新工作局面。

参考文献

[1] 方巍.学生事务管理的流派与模式[M].杭州：浙江大学出版社，2014.

[2] 储祖旺，李祖超.高校学生事务管理模式创新[M].武汉：中国地质大学出版社，2015.

[3] 刘筱彤.大学生高校管理参与权研究[M].武汉：中国地质大学出版社，2015.

[4] 孟庆新.高校学生工作思考与实践[M].沈阳：东北大学出版社，2015.

[5] 王新峰，盛馨.信息化思维下的高校学生管理[M].长春：吉林文史出版社，2010.

[6] 王瑛.高校学生管理创新模式研究[M].长春：吉林大学出版社，2016.

[7] 陈春莲.基于认知理论的新时期高校学生事务管理模式研究[M].武汉：武汉大学出版社，2016.

[8] 李熙.互联网+时代高校学生管理模式的转变及创新[M].长春：东北师范大学出版社，2017.

[9] 谭秋浩.全人发展语境下高校学生工作的知与行[M].北京：光明日报出版社，2017.

[10] 童文胜.高校学生事务管理工作研究与思考[M].武汉：华中科技大学出版社，2017.

[11] 王荔雯.移动互联网时代高校教育管理模式改革与实践研究[M].北京：中国原子能出版社，2019.

[12] 贾素娟，杜钰，曹英梅.学生教育与教学管理研究[M].北京：中国商务出版社，2019.

[13] 莫春梅.服务与发展理念下的高校学生管理研究[M].北京：中国原子能出版社，2020.

［14］寇福生. 新时代高校学生工作理论与实践探索[M]. 沈阳：东北大学出版社，2019.

［15］肖雪. 新媒体环境下高校学生教育管理的应对机制研究[J]. 产业创新研究，2020（20）：185-186.

［16］孔馨雨. 大数据时代高校学生管理信息化的探索研究[J]. 中原工学院学报，2020，31（05）：78-80.

［17］赵然. 高校学生党建与学生管理工作融合研究[J]. 财富时代，2020（10）：223-224.

［18］高慧颖. 大数据时代高校学生管理工作信息化建设现状与对策[J]. 新型工业化，2020，10（10）：137-138.

［19］苏昌猛，徐强. 论以人为本理念在高校学生管理工作中的构建[J]. 农家参谋，2020（23）：181-182.

［20］陈庚莲. 新形势下高校学生管理创新的思考[J]. 农家参谋，2020（23）：269.

［21］宋颖. 新形势下高校学生辅导员管理模式探究[J]. 吉林广播电视大学学报，2020（10）：147-148.

［22］张凯瑞. 微时代下高校大学生教育管理模式的挑战研究[J]. 中外企业文化，2020（10）：37-38.

［23］刘琬. 大数据背景下高校学生管理工作创新分析[J]. 创新创业理论研究与实践，2020，3（19）：184-185.

［24］李勇. 疫情期高校学生管理工作面临的问题与对策思考[J]. 金陵科技学院学报（社会科学版），2020，34（03）：84-87.